À PROPOS DE L'AUTEUR

Paul El Kharrat s'est fait connaître du grand public grâce à son parcours exceptionnel dans l'émission *Les Douze Coups de midi*. De cette expérience, il a tiré son autobiographie à succès *Ma 153e victoire*. Passionné de culture générale et d'histoire, il est l'auteur de plusieurs livres dont les ventes ont dépassé les 100 000 exemplaires. Depuis 2020, il est sociétaire des Grosses Têtes de Laurent Ruquier sur RTL.

Bienvenue dans mon monde

Du même auteur

Ma 153e victoire, HarperCollins, 2020 ;
HarperCollins Poche, 2021.

Crimes et mystères de Paris, HarperCollins, 2021 ;
HarperCollins Poche, 2022.

Le Défi !, HarperCollins, 2023.

Crimes et mystères de France, HarperCollins, 2023.

PAUL EL KHARRAT

Bienvenue dans mon monde

En collaboration avec
DELPHINE SAUBABER

Harper Collins
POCHE

HARPERCOLLINS FRANCE

83-85, boulevard Vincent-Auriol, 75646 PARIS CEDEX 13
Tél. : 01 42 16 63 63

www.harpercollins.fr

ISBN 979-1-0339-1512-6

Barbarus hic ego sum quia non intelligor illis.
« On me tient pour un barbare parce qu'on ne me comprend pas. »

OVIDE

« C'est une triste chose de songer que la nature parle et que le genre humain n'écoute pas. »

VICTOR HUGO

« L'impossibilité d'atteindre aux êtres réels me jeta dans le pays des chimères, et ne voyant rien d'existant qui fût digne de mon délire, je le nourris dans un monde idéal que mon imagination créatrice eut bientôt peuplé d'êtres selon mon cœur. »

JEAN-JACQUES ROUSSEAU

Prologue

La télévision est derrière moi depuis trois ans. La radio lui a succédé avec les *Grosses Têtes*, sur l'invitation de Laurent Ruquier. Toutes les semaines, je réponds avec bonheur aux questions, tout en faisant parfois le pitre avec les sociétaires.

Qui eût cru que j'arriverais là, un jour, sachant d'où je viens ?

Souvent, on me demande ce que m'ont apporté ce passage aux *Douze Coups de midi*, ces cent cinquante-deux victoires, cet argent amassé, tous ces cadeaux : ce nouveau statut, en somme. Je hausse les épaules en étirant mon grand sourire vers le ciel.

La télévision, c'est vrai, m'a donné une forme de reconnaissance que je n'avais jamais eue, et que sans doute je n'aurais jamais eue, étant donné ce que je suis. Pour participer à ce jeu, j'ai dépassé la plupart de mes limites, de mes faiblesses, de mes appréhensions, de mes incapacités. Les gens semblent m'avoir pris en affection depuis. J'ai reçu des centaines et des centaines de lettres débordantes de sincérité, d'amour, d'admiration, auxquelles j'ai répondu. Dans la rue, certains traversent pour venir vers moi, me prennent parfois dans leurs bras, des grands-mères me disent qu'elles auraient aimé m'avoir pour petit-fils ! Grâce à l'écran, je me suis fait connaître et aimer d'un public qui se fait à chaque fois plus nombreux et, au fil des émissions, ceux qui ne m'ont pas découvert sur TF1 me découvrent aux *Grosses Têtes*. Plus je fais d'apparitions télévisuelles ou radiophoniques, plus ma notoriété croît.

Et pourtant, le Paul de la télé et de la radio que vous voyez, ce n'est pas moi. Ou plutôt, ce n'est qu'une petite partie de moi.

Comment vous dire ce que je suis ? Ce que je n'ai jamais vraiment dit ? Qui peut se mettre à ma place, dans mon cerveau à la fois extra-large et incroyablement étriqué d'autiste Asperger, ce syndrome « allégé » aussi appelé autisme de haut niveau, qui préserve les capacités de cognition ? Lorna Wing, une psychiatre anglaise, le définit en 1981 à partir de la « psychopathie autistique » écrite pendant la Seconde Guerre mondiale par le pédiatre autrichien Hans Asperger. Il a toujours été l'objet de débats, notamment sur la difficulté diagnostique et la différence avec l'autisme de Kanner[1]. Il y aurait un enfant Asperger pour deux cents à deux cent cinquante enfants non autistes et

1. Pour ceux qui s'interrogeraient, je tiens à préciser que j'assume l'emploi du terme « Asperger », car je ne nie pas l'implication du psychiatre dans la recherche et la protection de nombre de ces enfants, malgré le fait qu'il ait vécu durant le régime nazi. Contrairement à certains de mes pairs qui ne désirent plus en entendre parler, je poursuis donc à titre personnel l'utilisation de cette dénomination.

il serait diagnostiqué chez trois ou quatre garçons pour une fille (on pense qu'elles sont sous-évaluées, en vertu de leur capacité à mettre en place des stratégies de compensation, plus grande que celle des garçons !).

Que dire, en termes simples, de mon syndrome ?

Je ne suis pas malade. Non, l'autisme n'est pas une maladie ni une pathologie. Pourtant, je me surprends à le dire, parfois : « Je ne guérirai jamais. » Sans doute car je sais que je n'atteindrai jamais la normalité de tout le monde. Si tant est que cela soit souhaitable, d'être « normal ».

C'est pour cela que j'avais envie de vous raconter le Paul des coulisses, de vous donner la clé pour entrer dans ma tête, dans mon monde, pour essayer de vous faire connaître de manière plus intime la « différence ». Ses bienfaits et ses affres. Son utilité et son abîme. Je voulais vous raconter, derrière les fards et les paillettes, ce que c'est, de percevoir le monde différemment. Ce qu'il en coûte, aussi. Parce que je ne suis pas le seul dans ma singularité, parce que mon témoignage parlera sans doute à bien d'autres personnes comme moi ainsi que, je l'espère de tout mon cœur, à la norme, c'est-à-dire au plus grand nombre.

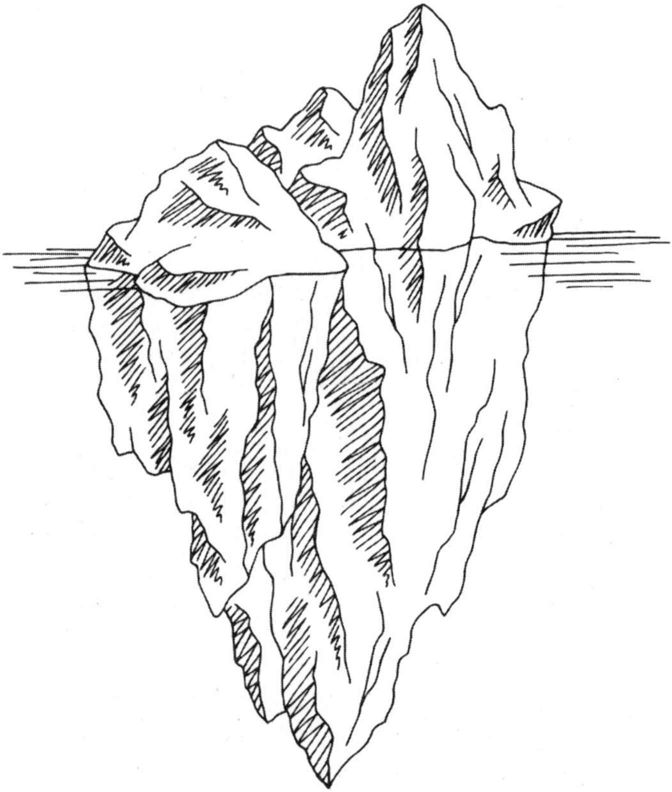

Ma chambre forte

Depuis que je passe à la télévision et à la radio pour répondre à des questions improbables, beaucoup de gens me parlent de ma mémoire, de mon hypermnésie – ma capacité à me souvenir de tout. « C'est vraiment incroyable ! », « Quelles connaissances époustouflantes ! », « Comment vous faites ? »

Comment je perçois ma mémoire ? Comme une immense bibliothèque – à l'image de celle de Prague, dont je garde précieusement la photo dans mon téléphone. Superbe avec ses plafonds arc-boutés et peints, le bois sombre de ses bibliothèques aux rayonnages infinis et ses globes terrestres, elle abrite de très vieux livres, notamment le célèbre Codex de Vyšehrad qui date du XIe siècle !

La mienne n'est pas aussi imposante, bien que je souhaite qu'elle le devienne, mais elle recèle de nombreux tiroirs où je range tous les livres que j'ai lus, ainsi que les informations sur tous types de sujets dont je prends connaissance, qu'il s'agisse de cinéma, d'animaux, de plantes, d'histoire, de littérature, de sciences, parmi tant d'autres encore. Je lis beaucoup, et je mémorise presque tout ce qui passe sous mes yeux, quand ça m'intéresse. Mon cerveau encode directement, sans effort. Il est capable de scanner, d'absorber en profondeur un livre de cinq cents pages. Chaque information lue, vue ou entendue plante une graine en moi. Une seule fois suffit pour l'encastrer dans mon disque dur. Un exemple : Kléber Haedens, né en 1913, mort en 1976, écrivain français du XXe siècle, appartenant au mouvement littéraire des Hussards, incarné entre autres par Antoine Blondin, Michel Déon ou Roger Nimier. On m'a posé la question aux *Grosses Têtes*, il n'est pas dans le dictionnaire. J'avais croisé son nom une fois sur la Toile et je l'ai retenu.

Parfois, les gens pensent que j'apprends par cœur à la façon d'une poésie ou d'une leçon qu'on avalerait, comme au primaire, pour la ressortir devant toute la classe. Pas du tout. Je n'apprends pas : je retiens. Je me suis rendu compte de cette faculté il y a plus d'une quinzaine d'années. Tout petit, je n'en avais pas conscience, je ne me rappelle d'ailleurs pas m'être jamais interrogé à ce sujet. Très tôt, j'ai simplement aimé apprendre. Ce sont plutôt les observations qu'ont pu me faire les autres au fil du temps qui m'ont poussé à me questionner.

Mon cerveau ne fait pas que retenir, il procède aussi par associations. Chaque fois que je vois un chiffre, par exemple, il me rappelle quelque chose. Quand je lis l'heure, je lis une date. Il est 15 h 31. Aussitôt, je pense : 1531, seizième année du règne de François Ier ; l'écrivain Étienne de La Boétie a un an ; et trois ans plus tard, l'explorateur Jacques

Cartier naviguera sur le golfe du Saint-Laurent. 1532 : rattachement de la Bretagne à la France ; naissance du poète Étienne Jodelle. 1533 : naissance de Montaigne. 1535 : Thomas More est condamné à mort par le roi Henri VIII dont il a désapprouvé le divorce, refusant aussi de cautionner le schisme avec Rome. 1536 : mort du philosophe et humaniste Érasme… Et ainsi de suite !

Vu le nombre d'heures qui s'écoulent dans une journée, et a fortiori dans une année, autant dire que je n'ai jamais la tête vide. D'ailleurs, partout où je suis, sur n'importe quel support, j'écris des chiffres, des mots, des dates – même dans ma douche, sur la buée. J'écris un 2 avec une graphie particulière, une boucle en bas ou bien en arc de cercle… J'écris des mots aussi, au hasard, tout ce qui me passe par la tête. Ma charge cérébrale trop importante tend à me faire écrire sans relâche des pensées et des idées de tous ordres. Mon cerveau turbine tout le temps, c'est sans doute pour ça que je me sens si bien sur ces jeux télévisés et radiophoniques. J'y surmonte ma phobie de la foule, de la lumière, du bruit parce que je suis content d'y être, de livrer tout ce que je sais et d'y apprendre des choses. Dès que j'apprends, ça m'intéresse. Sur le plateau, on m'appelait Wikipaul, une façon de me considérer comme celui qui répond aux questions où tous les autres sèchent ! Parce que ma tablette cunéiforme, ma pierre de Rosette, est bien rédigée, ma mémoire s'apparente à un livre ouvert sur l'Histoire. J'y conserve toutes les données du temps passé et, quand je les cherche, je les trouve.

Bien sûr, il arrive parfois à ma mémoire de me faire défaut, c'est-à-dire que j'ai l'information mais que je n'arrive pas à la retrouver. Dans mon for intérieur, je me dis alors que l'un de mes tiroirs n'est pas bien huilé, la donnée qui y est casée est coincée. Ça peut m'arriver aux *Grosses Têtes* ou bien quand je joue en ligne à *Questions pour un champion*. Pourtant, plus le soleil baisse, plus je suis en forme. Dans les moments où je peine à répondre alors que je sais que la réponse est quelque part dans mon cerveau, je le vis très mal. J'en viens même parfois à me taper dessus. Je suis nul, ce n'est pas possible d'oublier ! Et pourtant si. Parce que les planètes ne sont pas alignées, parce que j'ai passé la journée dehors et je suis fatigué…

Ma plus grande terreur dans la vie serait de perdre ma mémoire. Ce qu'il y a dans ma tête, c'est tout ce que j'ai. Ma mémoire, c'est ma chambre forte, c'est grâce à elle que ma personnalité si défaillante peut s'affermir, c'est grâce à elle que j'ai déjà réussi beaucoup de choses. Le fait de la perdre signifierait oublier tout ce que je sais, ce que j'ai acquis, alors que je me suis donné tant de mal pour ça. Pourvu que je ne croise jamais Alzheimer… Être vivant et ne plus rien savoir du présent, de ce qu'il y a dans les livres, ne plus savoir si hier est aujourd'hui ou demain, mélanger les jours, les semaines, les mois, penser que ce qui est vivant est mort, et inversement… Voir son esprit à l'abandon, à l'état de lavette. Être gouverné par son corps, ses besoins, sa chair. L'horreur.

Si un jour mon cerveau est atteint de cette maladie, je l'accepterai, comme j'essaie d'accepter jusqu'ici ma destinée. Mais je me battrai jusqu'au bout pour garder toutes mes facultés mentales. Comme je me bats tous les jours, contre vents et marées, pour être ce que je suis. Il n'y a pas une seule fois dans ma vie, pas une seule seconde, où mon esprit me dit : « Allez, je laisse tomber, je baisse les bras. » Dieu sait pourtant que je trouve l'existence difficile… Bien sûr, quand je suis vraiment trop fatigué et que je n'y arrive pas, je lâche prise. Et alors là… Mais je suis toujours en lutte, jusqu'à l'extrême limite, ce qui me porte parfois préjudice.

Si je ne devais retenir qu'un exemple pour illustrer la puissance de mon mental, paradoxalement, je ne vous parlerais pas du jeu télévisé mais d'un autre moment, à l'été 2018. J'avais dix-neuf ans. Avec mon père, on s'était inscrits au trail des Passerelles du Monteynard, quinze kilomètres dans les montagnes de l'Isère. Je n'avais jamais tenté un aussi grand exploit physique. Il faisait atrocement chaud, les montées étaient abruptes ; les dénivelés, infernaux. Mes jambes d'échassier s'accommodent assez mal des montagnes russes. Quand je cours, d'habitude, c'est toujours sur du plat. Je m'étais entraîné, bien sûr, je faisais une course par-ci, par-là, mais de là à relever un tel défi… Mille fois, j'ai cru que j'allais mordre la poussière avant la ligne d'arrivée. D'ailleurs, mon père, qui était parti devant, n'a pas tenu. Au sortir d'une forêt, je l'ai vu boiter sur le sentier.

— Mais qu'est-ce que tu fous, papa ?!

— Je me suis fait une déchirure musculaire ! Mais, toi, avance, Paul ! Vas-y !

J'ai continué au bord du malaise, l'estomac dans les talons, les poumons en fusion, montant, descendant à pic, remontant aussi sec. Mon corps me hurlait d'arrêter, tandis que mon esprit ne voulait rien entendre, rien. « Continue, Paul ! Tu ne vas pas t'arrêter là ! » me disait-il. Je commençais à voir des étoiles dans le ciel en plein jour, je me consumais de l'intérieur mais j'ai cavalé, jusqu'au bout. Je n'aurais pas dû. J'ai couru une heure et trente-sept minutes, je suis arrivé 3e dans ma catégorie, celle des juniors. Il m'en a coûté une semaine au lit avec d'atroces douleurs au ventre. Impossible de me lever, de dormir, de bouger. Mon corps était asséché, comme momifié. Sourd à sa plainte, mon esprit lui en avait trop demandé. Il est ce que j'ai de plus puissant mais j'en suis aussi l'esclave.

Eh oui, mon mental et ma mémoire ne sont pas qu'extraordinaires. J'en suis aussi la victime. Je n'ai pas seulement la faculté hors norme de retenir toutes les connaissances que je vois passer et de les utiliser comme bon me semble, je retiens aussi toutes les émotions, tous les mauvais moments, toutes les contrariétés que j'aimerais oublier et qui se cramponnent à mon esprit, figeant le réel dans du granit ! Il y a comme ça des images, des paroles qui restent gravées en moi et qui me font revivre avec beaucoup trop d'acuité chaque moment de mon existence. Par exemple, quand j'étais petit, si par malheur il arrivait à ma mère d'oublier le bisou du soir qu'elle m'avait promis la veille, quelle tragédie ! Je lui en voulais à mort, je n'arrivais plus à dormir, c'était terrible. Inacceptable.

Du fait de mon tamis qui retient tout et ne filtre rien, du fait aussi de mon rapport très intègre et premier degré aux mots, je suis conduit à vivre beaucoup d'événements – même ceux, minuscules, qui glissent sur les neurotypiques (les gens dits « normaux ») – à la façon d'un orage qui ne passe pas, d'une trahison dont la blessure tiraillerait longtemps… Aujourd'hui, je n'ai plus besoin que ma mère vienne m'embrasser le soir ni qu'elle me parle tout le temps, mais quand elle oublie certaines choses, j'ai encore bien du mal, c'est vrai. Surtout si je suis dans une phase psychologique délicate, dans laquelle j'ai justement besoin d'un certain ordre autour de moi pour m'aider à me stabiliser… Le moindre grain de sable dans les rouages me devient alors très vite intolérable.

En fait, il y a des choses qui sont pour moi de l'ordre de l'insupportable, qui peuvent vous paraître totalement idiotes mais que je vis avec une telle intensité, parfois même une telle *folie*, que c'est à se demander si on ne m'a pas arraché un œil ou coupé une oreille.

La folie, justement. Est-elle en moi ? Indéniablement. Les autres d'ailleurs me le font régulièrement sentir, même sur le ton de la badinerie. Je me suis habitué à ce qu'on pense cela de moi, alors je ne le prends pas mal. D'autant que, selon moi, être fou n'est pas forcément une tare… Si ?

Le porc-épic et les dinosaures

Déjà, on peut dire que ça commençait mal. Je ne voulais pas sortir du ventre de ma mère. D'où la plaisanterie familiale depuis ma naissance : « Paul ne voulait pas sortir. » Je ne voulais pas venir au monde, disons-le comme ça.

Ma mère a perdu les eaux un lundi matin, mais je ne suis arrivé que deux jours plus tard, à 21 heures, le mercredi 2 juin 1999. Les médecins avaient usé de tous les médicaments possibles et imaginables pour dilater l'utérus et accélérer le processus. Finalement, ils sont venus me chercher avec des pinces et des ventouses pour m'extirper de force. J'ai donc vu le jour avec deux oreilles de Mickey.

Mon absence de coopération ne s'est pas arrêtée là. J'ai refusé de téter. D'emblée, j'ai dit non. Ma mère a ensuite pu comparer avec mon frère et ma sœur qui, eux, sont venus au sein tout de suite, se sont mis à téter goulûment et à crier, signes d'interaction avec le monde. Moi, j'étais comme amorphe. Ma mère s'en est inquiétée, mais le médecin l'a rassurée : « Jamais un enfant ne se laissera mourir de faim, c'est simplement qu'il ne veut pas, pour l'instant. »

Physiquement, j'étais fluet, grand – en somme un peu comme aujourd'hui –, et j'ai mis du temps avant de prendre du poids. Là où les bébés grossissent les trois premiers mois, je stagnais.

L'idylle de mes parents s'était tissée quelques années plus tôt. Ils s'étaient rencontrés en 1994 et mariés deux ans plus tard. Je suis arrivé peu après, fruit d'un amour noué sous le soleil de la Drôme, au détour d'un sentier pédestre. Ma mère était étudiante, elle passait le concours des IRA, les Instituts régionaux de l'administration, à Villeurbanne. Mon père, marocain, était sportif de haut niveau, il faisait de la course à pied. Champion dans son pays du 3 000 mètres steeple, il avait traversé la Méditerranée pour s'inscrire dans un club français, à Montélimar. Un jour, il a concouru au tour pédestre de la Drôme, dans les contreforts du Vercors, qui se trouvait être organisé par l'oncle et la tante de ma mère. Elle avait vingt-quatre ans, Ali devait en avoir vingt-huit (on ne sait pas exactement l'âge de mon père, l'état civil marocain étant pour le moins imprécis !). Elle faisait partie d'une bande de jeunes chargés du ravitaillement. Elle a dû tomber sous le charme de la foulée de mon père en même temps que de son sourire, de sa peau mate et de ses muscles sculptés. Mon père est comme ça, c'est vrai : il répand de la chaleur et de la gentillesse autour de lui.

La rencontre, d'après ce que j'en sais, s'est déroulée sur l'arrivée de la première étape de la course. Ils n'ont pas craint la différence. Une Française et un Marocain, bientôt unis pour le meilleur et pour le pire. Et tant pis pour ceux qui ne seraient pas d'accord !

J'ai vu le jour cinq ans plus tard à Saint-Germain-en-Laye où mes parents habitaient alors – nous avons par la suite beaucoup bougé, au gré des postes de maman. À ce moment-là, devenue haut fonctionnaire, elle travaillait à Paris.

Les trois premières années de ma vie ont été normales, apparemment. Développement sans accroc, aucune difficulté d'élocution, premiers pas à l'âge d'un an, bref rien à signaler sur les courbes régulières du carnet de santé.

En septembre 2000, nous sommes partis vivre à la Réunion. Ma mère voulait quitter la « métropole ». J'avais un an, et il paraît que c'est là que ça a commencé à coincer, et plus encore quand mon petit frère Samih a vu le jour un peu plus de trois ans après moi. Cette arrivée subite et non consentie ne m'a pas plu, comme pour tout premier enfant roi qui voit pointer le nez du deuxième. Je n'ai plus voulu aller me coucher le soir, cavalant dans tous les sens, me relevant une fois, deux fois, trois fois, restant ensuite les yeux écarquillés dans le noir jusqu'à pas d'heure. C'est un trait caractéristique des autistes Asperger d'être insomniaques mais ça, bien sûr, personne ne pouvait s'en douter.

J'ai rapidement épuisé mes parents. Et je me suis mis à les défier à loisir. « Ne touche pas la lampe, Paul, tu vas la casser. » Évidemment, je la touchais, mon petit regard noir planté dans celui de ma mère. La fessée allait tomber, je le savais ; d'ailleurs, je serrais les fesses à l'avance !

J'allais avoir mal mais impossible de m'en empêcher. Quand ça me prenait, je buvais aussi de l'eau de Javel, je tombais dans les escaliers de la maison, je montais sur la table en verre qui se renversait sur ma tête, je partais faire du vélo, me fracassais le crâne sur le bitume et je rentrais tout bleu. Maladresse ou suicide involontaire ? Je ne sais pas. Je sais juste qu'on m'a assez vite collé une épithète : « infernal ». Je n'étais pas facile, pas docile, je n'écoutais rien, j'étais en rébellion contre le monde, contre mes parents, contre tout.

Déjà, à la case Zouzou, une crèche de la Réunion, je montrais ostensiblement à ma mère ma fâcherie quand elle venait me chercher. Là où les autres enfants se précipitaient sur leur génitrice, je boudais. Et quand enfin elle parvenait à me faire lever pour que je la suive, sitôt sorti, je courais comme un fou jusqu'à la route, ma mère derrière dans tous ses états parce que l'endroit était très passant et dangereux. Je m'arrêtais en équilibre sur le bord du trottoir et je la toisais, l'œil fixe. Cramoisie, elle hurlait : « Mais pourquoi tu fais ça ? » Je savais très bien qu'elle avait eu peur, pourtant je le faisais quand même.

Un soir, agenouillée près de la baignoire, maman était en train de me laver, l'air fatigué. On aurait dit qu'elle avait de la buée dans les yeux, peut-être des larmes. D'une voix qui tremblait un peu, elle m'a reposé la question :

— Paul, mais pourquoi tu fais ça à maman ?

— Mais moi, je veux pas. C'est ma tête qui fait ça.

Maman a reculé ses épaules d'un cran en faisant une drôle de tête. J'ai vu passer un éclair, comme une lueur d'effroi dans ses pupilles. Est-ce qu'on était deux dans le même petit corps, le même cerveau ?

Elle m'a dit, alors :

— Mais qu'est-ce qu'on peut faire pour que ta tête s'arrête ?

Je n'ai pas su répondre.

Qu'est-ce qui a bien pu se passer, cette fois ? Qu'est-ce que maman a bien pu me dire, ou papa ? Mon album préféré – un album sur le dodo, cet oiseau de la taille d'un dindon, emblématique de l'île Maurice, qui a disparu – est devant moi, les pages en confettis. Je l'ai déchiqueté de rage sourde. J'ai utilisé l'objet que j'aime le plus au monde pour expulser ma colère. Je revois ma mère hébétée face à moi, ne sachant que dire. Je me revois moi, fragmenté en mille morceaux, l'air buté, ne disant rien. Je revois la main de mon père qui s'abat. J'entends ma chair qui crépite. J'ai quatre ans.

Et c'est un an plus tard qu'a commencé un rituel qui allait durer une poignée d'années. Un rituel, ou plutôt une obsession, qui a mis la puce à l'oreille de ma mère.

18 heures. Je suis dans ma chambre, à l'étage. On ne voit plus la couleur des murs tant ils sont tapissés d'affiches. Au-dessus de mon lit, il y a là tous les animaux marins de l'océan Indien et tous les oiseaux de l'île de la Réunion. Des baleines, des otaries, des dugongs, des barbiers rouges, des

bénitiers géants, des hérons striés, des veuves dominicaines, des martins tristes, des puffins de Baillon, etc. Ma mère travaille à la direction régionale de l'Environnement. C'est elle qui m'a ramené tout ça.

En bas, la porte d'entrée claque. Elle est enfin rentrée du travail ! Vite, je me dresse sur mes petites jambes et j'accours en haut de l'escalier.

— Maman ! Maman !

— Attends, Paul. Je bois, je me repose cinq minutes et je viens.

— NON ! Tu viens tout de suite !

Je descends l'escalier quatre à quatre en hurlant. Dans le salon, mon père est en train de regarder de l'athlétisme ou du foot à la télé. Je vais chercher ma mère dans la cuisine, me suspends à son bras.

— Mais arrête, Paul ! J'arrive !

En pestant, elle remonte avec moi. Nous revenons tous les deux dans ma chambre. Là, je monte sur ma petite chaise. Du doigt, je pointe chacune des affiches au mur. Et je me mets à réciter, du haut de mes trois ans :

— Là, c'est la baleine à bosse ; là, c'est le dugong, là…

Et ainsi de suite, jusqu'à ce qu'on ait fait le tour de TOUTES les affiches de ma chambre. Et il y en a un certain nombre.

Évidemment, je ne sais pas encore déchiffrer les mots. Au départ, j'ai demandé à maman de me les lire. C'est ce qu'elle a fait, une fois ou deux, pas plus. Quand je les lui montre en donnant chacun de leurs noms, elle prend conscience que je les connais tous par cœur. Ma mémoire de petit bonhomme a tout enregistré. À chaque fois, l'affaire prend bien dix ou quinze minutes et elle a lieu tous les soirs, aucune exception n'étant tolérée. Si jamais maman ne se soumet pas à cet incontournable rituel, je lui fais vivre un enfer sur terre. Je la harcèle, je vocifère, je pleure. Je lui pourris sa soirée, sa vie, je la parasite. L'histoire durera, comme ça, deux ou trois ans.

Au bout du compte, mon comportement est jugé tellement éreintant que mes parents, à bout de nerfs, se décident à pousser la porte d'un pédiatre. Rien à signaler. « Il va très bien, ce petit garçon. Qu'est-ce que vous venez faire là ? » Au troisième rendez-vous, le pédiatre finit tout de même par se rendre compte que mon père et ma mère n'en peuvent vraiment plus et il les dirige vers un pédopsychiatre russe. Lequel leur dit à son tour : « Il n'a rien, votre enfant. Ni psychose, ni névrose. Rien. »

Je rentre à la maternelle. À l'école, ça se passe plutôt bien mais, à la maison, rien ne change. Alors, un jour de passage en France pour les vacances, ma mère, sur le conseil de ma grand-mère maternelle, prend rendez-vous à Marseille dans le service du Dr Marcel Rufo dont on dit grand bien. Après nous avoir reçus, l'équipe nous informe en substance que mon cas mériterait plus ample attention. Mes parents reviennent alors avec ce compte rendu chez mon psychiatre référent, qui se montre furieux – ça ne se fait pas d'aller voir des confrères, enfin !

Ils se font copieusement engueuler. Ce sera plusieurs fois le cas, par la suite. L'autisme étant un câblage neurologique différent de la « normale » et non une maladie psychique, la plupart des médecins ne le détectent pas dans leurs radars. De mes trois à seize ans, je ne vais ainsi pas cesser de voir des médecins et de m'en faire refouler. J'en ai oublié la moitié. Après celui au nom russe, je crois qu'un psychanalyste se met à vouloir fouiller l'enfance de ma mère pour la renvoyer à son Œdipe. Connaissant son tempérament de feu, il est bien tombé… Elle tourne les talons en pestant contre Freud. Et on est repartis pour un nouveau tour de psys.

Le suivant dont je me souviens bien, c'est le Dr Dufresne[1]. Lui, nous allons le trouver à Nogent-le-Roi, à quelques kilomètres de Chartres où nous avons déménagé après la Réunion. J'ai huit ans. J'y vais tous les vendredis soir en sortant de l'école et je me rappelle encore les crises de nerfs mémorables que je pique dans la voiture quand je suis trop fatigué ou bien quand ma mère n'est pas venue me chercher à l'heure – je ne supporte pas d'être en retard… Chaque fois, nous arrivons au cabinet, ruisselants. Le psychiatre nous accueille d'une main un peu rigide, il n'est pas le plus chaleureux des hommes, grand, svelte, à lunettes, avec des cheveux blancs, mais j'aime bien son bureau. Un beau parquet, des étagères en bois et plein de dossiers dessus – le mien est bleu. À l'intérieur, il y a tous mes dessins et toutes les notes qu'il a

1. La plupart des noms des professionnels de santé et des professeurs ont été changés pour garder leur anonymat.

prises. Avec maman, nous sommes assis en face de lui, il se tient droit, pose des questions, reporte les réponses sur sa feuille avec son stylo Montblanc, l'air intéressé par tout ce qu'on lui raconte. Ce qui nous a amenés, cette fois ? À l'école, de plus en plus perturbateur, je me fais souvent punir. Et à la maison, « Paul, il ne veut pas écouter, Paul, il ne fait pas ce qu'on lui demande, il est fatigant et il fatigue tout le monde ». Bref, comme toujours : « On ne comprend rien à cet enfant. »

Alors le Dr Dufresne me demande de lui dessiner ce qui me passe par la tête. J'esquisse les contours d'une montagne. En bas, j'y mets des dinosaures et, au sommet, un porc-épic qui observe les dinosaures, comme s'il les surveillait. Pourquoi un porc-épic ? Je ne sais pas et n'ai jamais su. Sans doute que je me figurais comme un porc-épic. Je piquais – et je pique encore. Quant aux dinosaures, c'était ma passion.

Les séances ont duré plusieurs années, jusqu'à ce que nous partions de nouveau, en Martinique, en 2009. Le Dr Dufresne m'a beaucoup écouté mais il n'a pas fait de diagnostic : « Je ne peux pas vous expliquer avec précision ce dont Paul est porteur ; ce que je sais, c'est que c'est un enfant vif, intelligent… » Avec lui, j'ai parlé, libéré mes émotions mais, finalement, le brouillard est resté total. Quand j'ai fini par obtenir un diagnostic sur mon syndrome des années plus tard, je lui ai envoyé une lettre à laquelle il a répondu, en résumé : « Ah d'accord, vous êtes Asperger. C'est ce qu'on vous dit, mais ça ne signifie pas que, dans les faits, vous le soyez… »

Il semblait un peu sceptique. Il ne voulait sans doute pas me mettre dans une case.

Appartenir à une case

Aujourd'hui, « Asperger », c'est ce qui me définit dans le regard de l'autre. Avant le diagnostic, c'était « perturbateur », « chiant », « infernal ». Ce n'était pas tellement mieux. Les cases, les étiquettes sont importantes pour la connaissance d'un individu. Dans la société, on vous en colle à chaque instant : vous êtes blanc, noir, immigré, catholique, musulman, vous avez tel groupe sanguin, vous faites tel tour de poitrine, telle taille de vêtements, telle pointure de chaussures… Si vous y réfléchissez bien, on met tout le monde dans des cases, et même dans plusieurs cases à la fois. Certaines sont nécessaires – disons qu'elles sont là pour aider –, tandis que d'autres sont là pour stigmatiser. À vrai dire, il faudrait voir si elles ne stigmatisent pas *toujours*.

Pour ma part, avant qu'on me colle l'étiquette d'autiste Asperger, je me posais sempiternellement la question : pourquoi est-ce que je réagis comme ça ? Qu'est-ce qui préside à ces incontrôlables crises de colère, à ce sentiment permanent, qui est comme une seconde peau, d'inadaptation au monde ? Durant des années, j'ai subi une errance diagnostique qui a eu pour conséquence un fait terrible : je ne savais pas qui j'étais. Et personne ne pouvait me le dire. Pas même ma propre mère, qui me regardait avec des yeux stupéfaits.

Être autiste Asperger, pour moi, c'est ce sentiment que tout le monde autour de vous suit une trajectoire humaine à peu près rectiligne, une sorte de chemin tracé dès la naissance quand, vous, vous flottez dans un inframonde existentiel. Vous vous sentez telle une coquille vide, désespérément vide, ou bien alors trop pleine, bombardée d'émotions dans tous les sens. Vous sentez bien qu'il y a quelque chose qui vous différencie du magma dominant, mais quoi ? Vous n'appartenez pas à la case de ceux atteints de trisomie 21 ni à celle d'autres maladies *visibles*. Ce n'est pas ça. Est-ce alors une autre forme de maladie mentale qui vous mange le cerveau ? Une névrose ? Une psychose ?

Après le Dr Dufresne, j'enchaîne sur le Centre médico-psychologique (CMP) de Fort-de-France. Nous y avons déménagé à la faveur, encore, d'un changement de poste de maman. Cette fois, je dois avouer que le décor est nettement plus agréable qu'à Chartres. Le CMP niche sur les hauteurs de la ville. De là-haut, on a une très belle vue : la mer en contrebas, les montagnes au loin derrière. Nous voilà, un beau matin, à monter l'escalier du perron. Encore une volée de marches à franchir avant l'accueil, puis une salle d'attente meublée de quelques chaises.

— On vient voir Mme Castel.

— Oui, c'est le bureau là-bas.

Mme Castel. Elle a des cheveux courts, bruns, elle est de taille moyenne, elle fume pas mal et elle est gauchère. Au premier abord, elle me paraît sympathique. Elle me parle de ma scolarité, me demande comment ça se passe à l'école, à la maison, prend des notes, elle aussi, avec son stylo Pilot, d'une grande écriture ample. Cette sensation redondante qu'on me pose les mêmes questions, depuis toujours. Usant. Il faut replanter le décor chaque fois : la petite enfance, le primaire, à partir de quel âge on s'est douté de quelque chose…

Après un certain nombre de séances, sans doute un peu lassé d'attendre ce qui ne vient pas, je me lance :

— Alors, qu'est-ce que vous pensez de moi ? Qu'est-ce que j'ai ?

Mme Castel cille un peu.

— Il y a un mélange… d'autisme, de névrose et de psychose. C'est encore flou.

Pour le moins, oui ! C'est à partir de là, il me semble, que j'ai commencé à prendre du Risperdal, un neuroleptique qu'on estime sans doute le plus adapté à mon cocktail de tares. Huit gouttes par jour. Effets indésirables : fatigue, somnolence, vertiges… Le petit flacon est dans la cuisine, sous la surveillance de ma mère. La première fois que j'en avale, je suis confiant, je me dis que je vais mieux me porter, que ça va me stabiliser. En parallèle, je participe à des ateliers avec d'autres jeunes comme moi, en difficulté scolaire ou sociale. Nous faisons des tours de table, nous racontons nos semaines, l'école, les activités sportives, les sorties. Ça marche un temps, puis je me bute, je ne veux plus y aller. Pareil pour le Risperdal, je ne veux plus en prendre. Ça dure quelques mois encore puis, avec Mme Alfort, qui a succédé à Mme Castel, nous décidons d'arrêter, faute de résultats significatifs. À la maison, tout le monde commence à perdre espoir de voir un jour le bout du tunnel, d'autant qu'arrivent de nouveaux obstacles avec la puberté. De mémoire maternelle, on franchit un nouveau cran dans l'épuisement familial parce que je commence à me sentir vraiment mal et à me taper la tête contre les murs. Littéralement.

Un après-midi, ma mère déboule chez la directrice.

— Il faut vraiment qu'on trouve ce qu'il a, ce n'est pas possible, ça fait trop longtemps que ça dure !

En effet… Alors que n'a-t-on pas encore déjà fait ? Mais oui ! Les tests de QI ! Quand vous avez un enfant qui a un comportement différent de celui des autres, dès l'âge de trois ans, les gens vous disent : « Emmenez-le faire des tests de QI. »

Ma mère, sceptique, leur répondait : « Ce n'est pas un problème de QI, c'est avant tout un problème d'ordre relationnel et affectif. »

À court de ressources, elle finit donc par accepter les tests, lesquels montrent des surcapacités dans certains domaines et des performances très moyennes dans d'autres. Il faut chercher ailleurs, encore…

C'est là qu'un miracle inattendu se produit. Au même moment, à la télévision en France, ma grand-mère maternelle voit passer une émission sur le syndrome d'Asperger qui a été réalisée à Marseille, à l'hôpital Salvator. Pleine d'espoir, elle nous appelle. Ma mère, tout étonnée, est prise de révélation : « Oui, c'est vrai que ça ressemble à Paul ! »

Moi, le nez collé à l'écran, je visionne l'émission à plusieurs reprises. Et pour la première fois, enfin, dans le brouillard de mon cerveau, une lumière semble s'allumer ! Si c'était moi, ce syndrome bizarre, cette difficulté à comprendre le monde qui m'entoure, à m'adapter, à percevoir intuitivement les besoins et les émotions des autres, ces intérêts restreints, voire obsessionnels, qui font de moi un ovni dans certains domaines et un moins bon élève dans d'autres, cette maladresse qui frôle la phobie sociale, ces troubles de la communication, ces colères insensées, ce manque criant de confiance en moi… ? Aussitôt, nous courons au CMP en aviser Mme Alfort, qui se montre ouverte à notre hypothèse. Pourquoi ne pas prendre rendez-vous au Centre de ressources autisme (CRA) de Martinique pour de plus amples informations ? Le CRA n'est pas loin du CMP, à quelques kilomètres seulement, sur les hauteurs de Fort-de-France et, par un curieux hasard, il se trouve dans la même rue que notre maison, au bout de la route de Didier !

Le jour J arrive. Celui où l'on doit me signifier si je suis autiste, porteur du syndrome d'Asperger, ou pas.

Ce 22 juin 2015 dont je me souviendrai toute ma vie. J'ai seize ans.

C'est une maison créole entourée de plantes tropicales, qui ressemble un peu à une grande habitation coloniale. Dans l'entrée, je reconnais quelques adolescents assis sur des chaises, qui attendent qu'un médecin vienne les chercher. Peut-être sont-ils là pour passer des tests, eux aussi. À côté de moi, ma mère ne parle pas. Un peu solennelle sous son carré brun, elle a les yeux qui brillent d'émotion contenue, d'impatience. Mon père, lui, a perdu son beau sourire, son visage est fermé, ses traits secs sont tendus par l'anxiété. La directrice, une psychiatre, s'avance vers nous, accompagnée de la neurologue, pour nous diriger vers une salle au rez-de-chaussée. Nous nous asseyons face à elles. Je me cale entre mes deux parents qui attendent que le couperet tombe. J'essaie de rester calme, j'écoute le silence un peu gêné qui s'installe, les paroles de circonstance qu'on échange. La directrice tente un sourire. Elle semble marcher sur des œufs, rappelle le long protocole qui nous a menés jusqu'à elle, aujourd'hui.

Dans une grande salle blanche, froide, au rez-de-chaussée du CRA, je me suis soumis il y a quelques mois à une batterie de tests. On est restés au centre pendant des heures avec mes parents. J'ai rempli deux questionnaires de quatre cents pages, j'ai dessiné à la demande, observé des images dans le cadre du test de Rorschach qui vous fait interpréter des taches d'encre et des planches graphiques, j'ai tenté de décoder des émotions sur des faciès qu'on me montrait – la colère, la joie, la tristesse –, j'ai écrit des histoires, j'ai été scruté par une caméra durant une demi-journée. Mon comportement a été analysé sous toutes les coutures par des psychologues, des infirmiers cliniciens, des psychiatres. Curieusement, moi qui me souviens de tout ou presque, je ne me souviens pas des questions qui nous ont été posées, comme si je les avais archivées dans un trou noir qui ne me ressemble pas. Je sais juste qu'elles remontaient à ma naissance, à ma prime enfance. Elles s'attachaient à ces menus détails qui font la vie, essayant de cerner, entre autres, ma capacité d'observation du monde autour de moi. Je me rappelle cette question qui avait fait réagir mes parents : « Vous êtes en voiture avec votre enfant, vous lui montrez quelque chose sur le côté. Quel comportement adopte-t-il ? » Voilà un trait chez moi qui les avait toujours énervés. Quand on roulait, ma mère m'indiquait parfois quelque chose à observer dehors.

— Oh ! regarde Paul, la chèvre, dans le champ !

— Hein ? Quoi ? Où ça ?

Rien. Je ne voyais rien. Mes parents insistaient. Toujours rien. Puis c'était trop tard, le paysage avait défilé, et la chèvre avait bel et bien disparu. La crise bouillonnait en moi avant d'exploser. Mon poing tambourinait contre la vitre à la faire éclater.

— J'ai pas vu la chèvre ! !

Et tout le monde finissait comme une cocotte-minute dans la voiture.

À l'évidence, la directrice du CRA prend son temps pour revenir sur le long questionnaire afin de ne pas nous brusquer. Puis elle finit par lâcher la bombe.

— Paul a bien un syndrome d'Asperger, c'est-à-dire un trouble du spectre autistique sans altération des fonctions intellectuelles. Les résultats le montrent de façon très affirmée, il n'y a aucun doute possible.

Il n'y a plus de doute possible. *Aucun.* J'ai toujours été, je suis et je serai toujours Asperger.

Rendus à l'état de statues sur nos chaises, nous n'avons pas encore réagi. Un peu inquiète, la psychiatre brise le silence :

— Qu'est-ce que tu ressens, Paul ? Qu'est-ce que ça te fait ?

Le regard accroché à elle, je balbutie, tout bas :

— Je suis soulagé.

Elle n'imagine pas quelle étincelle ses mots ont allumée dans mon tunnel. Il y a enfin un mot, précis, et pas quarante, pour me dire qui je suis. Il y a enfin un nom déposé sur moi. La psychiatre me sourit.

— Et vous, madame ?

Le visage de ma mère s'ouvre en grand.

— Moi aussi, je suis soulagée ! Soulagée de toutes ces années passées dans l'errance à ne pas savoir ce qu'il avait, à ne pas pouvoir mettre un nom sur cette différence. Maintenant qu'on a un nom, on va pouvoir essayer de faire des choses avec lui…

Elle se tourne alors vers mon père. Il ne dit rien. Immobile sur sa chaise, il a l'air K-O. Il a manifestement du mal à digérer, à accepter. Pour lui, l'autiste, c'est le déficient renfermé sur lui-même qui ne parle pas, se balance d'avant en arrière, se tape la tête contre les murs… Ah non alors, son fils n'est pas comme ça !

Le spectre autistique est extrêmement large. Habituellement, on connaît en effet surtout l'autisme dit de Kanner, la partie la plus lourde, qui comprend les troubles cognitifs les plus sévères. Le syndrome d'Asperger est une forme d'autisme plus légère et, chez les Asperger, il existe beaucoup de nuances concernant les facultés intellectuelles, les capacités d'apprentissage, de mémorisation… Aucun ne ressemble aux autres. Certains sont de haut niveau et sont capables de prouesses mnémotechniques quand d'autres n'ont pas de dispositions particulières en ce domaine.

Pas un seul psychiatre, parmi la kyrielle que j'avais rencontrée, n'avait émis cette hypothèse. Ils ne savaient pour la plupart pas ce que c'était, l'autisme Asperger. Ils ne pouvaient donc pas diagnostiquer ce qu'ils ignoraient.

C'est ma grand-mère qui avait raison… Tout ça paraît encore tellement incroyable, irréel, qu'elle propose à ma mère d'avoir un second avis. Mais lequel ? « Va voir le docteur à Marseille, c'est lui, le spécialiste Asperger, Sophie. »

Le même médecin qui avait été filmé dans l'émission que nous avions tous vue.

Quelques semaines plus tard, nous voilà donc dans la cité phocéenne, à l'hôpital Salvator, en face dudit spécialiste qui, tout en feuilletant mon dossier, demande d'un air circonspect à mes parents pourquoi ils ont traversé l'Atlantique pour venir le voir.

— On vient d'avoir un diagnostic pour notre fils, on voudrait savoir s'il est fiable.

En raison de mon expérience avec les nombreux professionnels de la santé, on est un peu méfiants, surtout que la façon dont sont menés les tests n'est pas toujours rigoureuse à cause du manque de formation et de connaissances sur ce syndrome.

Les traits du médecin se durcissent.

— J'ai vu votre fils dans la salle d'attente en passant tout à l'heure, je n'ai pas besoin d'avoir un diagnostic. Il est Asperger. Et, au vu du dossier, le diagnostic a été parfaitement établi, dans les règles de l'art. Il n'y a aucun doute.

Ma mère se tait, on dirait qu'elle a reçu un uppercut en pleine figure. Il n'y a définitivement plus de questions à se poser. C'est comme ça et ce sera toujours comme ça. Espère-t-elle trouver à présent un peu de compassion, des phrases qui consolent, auprès de la blouse blanche ? Elle se lâche :

— C'est très dur à gérer, vous savez, on est épuisés…

Le médecin lui renvoie une droite.

— Vous n'allez quand même pas demander à un enfant autiste de s'adapter à vous ! C'est bien vous, les parents, qui allez vous adapter à lui, on ne va pas inverser la chose !

Sur le chemin du retour, dans la voiture, mes parents sont restés au moins dix minutes sans bouger, muets. Il leur fallait le temps d'encaisser.

Plus tard, avec du recul, ma mère me confiera que le spécialiste avait raison, bien sûr, qu'ils n'avaient jamais réalisé à quel point je passais déjà ma vie à essayer de m'adapter. Comme nous l'expliquera un jour un autre médecin, un Asperger est dans une suradaptation permanente au monde, ce qui pompe les nerfs, les sens, l'organisme, tout. Par ce diagnostic, mes parents saisissaient enfin toutes mes réactions : pourquoi je semblais toujours à fleur de peau, pourquoi je m'emportais pour un rien, pourquoi je paraissais à contretemps de la « norme »... Je ne comprenais pas ce qui m'entourait, je ne comprenais pas la colère de maman contre moi parfois, les injonctions de papa me disant d'aller me coucher... La violence était ma défense pour me protéger. La difficulté première des autistes, c'est qu'ils n'ont pas les codes pour décrypter le monde, ou, pire, qu'ils sont enfermés en eux-mêmes. Ils sont leurs propres murs. Au sortir de ce rendez-vous, mes parents prenaient donc conscience qu'ils devaient aussi faire leur part de chemin, tâcher d'empêcher cette douleur, d'anticiper les problèmes. Éviter de me mettre dans des milieux qui surstimulent, avec beaucoup de monde, beaucoup de bruit, ou alors s'assurer qu'il y aurait toujours un espace pour que je puisse m'isoler. Éviter les longs trajets en voiture, à cause de ma cinétose et de mes maux de jambes. Éviter de me dire des choses que je ne serais pas capable d'entendre, pour me ménager, au prix de quelques entorses à la vérité. Parfois, entre eux, je les entendais se dire : « Mais pourquoi tu as lui dit ça ? Pourquoi tu as fait ça avec lui ? »

Ils tâtonnaient, cherchaient la voie médiane, qui, souvent, avait l'étroitesse d'un fil. Mais était-il possible de tout anticiper ? Certainement pas…

La passion des listes

Quel rapport entre Valerian Abakovski, le concepteur russe de l'aérowagon, un autorail équipé d'un moteur d'avion, Jeanne d'Arc, Andrew Irvine, un alpiniste britannique, le comte de Lautréamont, Hans et Sophie Scholl, des résistants allemands qui ont créé le célèbre groupe de la Rose blanche, et Ellie Soutter, une jeune snowboardeuse britannique ?

Toutes ces personnes sont mortes avant l'âge de trente ans. Et elles font partie de l'une de mes innombrables listes. Celle-ci en particulier s'intitule « Personnages historiques morts avant leur trentième printemps ».

- Valerian Abakovski, mort en 1921 à 25 ans d'un accident de train.
- Jeanne d'Arc, morte en 1431 à 19 ans, brûlée vive.
- Andrew Irvine, mort en 1924 à 22 ans sur l'Everest.
- Comte de Lautréamont, mort en 1870 à 24 ans de la phtisie.

- Hans et Sophie Scholl, morts en 1943 à 24 et 21 ans, exécutés.
- Ellie Soutter, morte en 2018 à 18 ans d'un suicide.

Tous les jours, je fais des listes. Le soir, à mon bureau, dans le silence de ma chambre à Grenoble ou à Paris quand je vais à l'enregistrement des *Grosses Têtes*, je fais des listes. Sur des pages et des pages, j'énumère des explorateurs, des naturalistes, toutes les œuvres d'Agatha Christie, des maladies, des astronomes, des écrivains, etc. J'empile des noms que je range par ordre chronologique ou alphabétique, en fonction d'une thématique que je choisis. Je nourris cette passion – ou cet « intérêt spécifique » pour parler en langage autiste – depuis toujours. Chez d'autres, ce sera les étoiles, les avions ou que sais-je, chacun a ses « intérêts restreints ». D'abord, j'ai écrit mes listes sur papier, puis quand j'ai eu un ordinateur en 2014 un champ infini s'est ouvert à moi. Combien y a-t-il de listes aujourd'hui dans mon disque dur ? Des dizaines et des dizaines…

Pourquoi en écrire une sur les décès prématurés avant trente ans ? C'est le Club des 27 qui m'en a donné l'idée, du nom de ce « club » d'artistes morts à vingt-sept ans, comptant entre autres Brian Jones, Jimi Hendrix, Janis Joplin. Je me suis dit qu'ils n'étaient pas les seuls à être morts à cet âge-là et qu'il y avait sûrement d'autres talents dont on n'avait pas parlé ! Alors, pour les sortir de l'ombre et leur rendre hommage, j'ai voulu en faire un florilège.

Vous êtes plutôt féru de médecine ? J'ai une autre liste recensant de nombreuses maladies et leurs termes médicaux savants ! Avez-vous déjà entendu parler de la gynécomastie ? Il s'agit du développement excessif des glandes mammaires chez l'homme. Du diastème ? C'est l'écart entre les deux dents centrales, qu'on appelle aussi les dents du bonheur. L'autoscopie ? Ce sont des hallucinations rares où les personnes se voient elles-mêmes. L'abasie ? C'est l'impossibilité de marcher. Le syndrome de Kleine-Levin ? Une maladie rare qui comprend hypersomnie et troubles comportementaux, cognitifs et psychiatriques. La cyclothymie ? C'est une humeur changeante, passant par des phases d'excitation et d'abattement. L'alexithymie ? C'est la difficulté à verbaliser ses émotions. La myoclonie phrénoglottique ? C'est l'autre nom du hoquet !

Vous ne voyez pas l'intérêt de connaître tous ces noms ? Eh bien moi si ! Ces listes-là m'amusent mais, à vrai dire, celles qui me passionnent vraiment sont les listes de personnes. Tous les professeurs ont des listes d'élèves quand ils font l'appel. Moi, je me souviens qu'il m'arrivait d'en créer, quand j'étais adolescent. J'inventais des prénoms, des noms, je les écrivais dans un calepin par ordre alphabétique. Aux lettres A, B, C et ainsi de suite, j'accolais des noms imaginaires, je choisissais leur nombre et j'échafaudais ainsi des classes entières de toutes pièces. J'aimais voir surgir de ma tête des gens, les uns après les autres.

Je sais, cette manie peut paraître étrange et prêter à sourire. On peut même me prendre pour un fou. J'en fais généralement peu de cas, d'ailleurs.

Depuis plusieurs mois, je nourris pourtant un grand projet qui me tient très à cœur. J'ai entamé une liste qui regroupe nombre d'autres listes ! Une nécrologie à grande échelle, qui a pour nom « La liste chronologique exhaustive des décès du monde connu, calendrier grégorien ». J'y compulse toutes les morts célèbres et celles qui le sont moins, des origines jusqu'à nos jours – même si, pour l'heure, je n'ai commencé qu'en 1690 et que je m'arrête en 2022. Mais plus ça ira, plus je remonterai le temps et plus j'aurai de morts à écrire. J'ai démarré en 1690 parce que c'est un chiffre rond et qu'en 1689 je ne connais personne qui soit décédé. Enfin, mon choix est un peu arbitraire, je le reconnais, puisque si je connais un mort en 1688 – Jean-Baptiste de La Quintinie, le créateur du potager du roi à Versailles –, j'ai ensuite quelques blancs, comme 1713, année pour laquelle je n'ai aucun nom à reporter !

Comment je procède ? Au fil de mes lectures, je rajoute des gens et, plus j'apprends, plus ma liste s'allonge. Dans plusieurs années, elle sera complète. Ou plutôt, non, elle ne sera jamais terminée. Elle représente l'infini. L'infini humain.

Comme j'ai besoin d'une logique et d'un certain ordre, j'ai une présentation particulière. J'écris la date en gras puis dessous, en italique, le mois, le jour et la personne qui est décédée.

1690
février, 12 : le peintre français Charles Le Brun.

1751
novembre, 11 : le médecin et philosophe Julien Offray de La Mettrie.

1948
janvier, 30 : le dirigeant indien Gandhi.

Les gens se mettent souvent à rire quand j'évoque cette liste. Mais cette nécrologie a un sens pour moi, une dimension métaphorique très forte. En la faisant, j'ai le sentiment de posséder toutes les personnes qui ont fait l'histoire du monde. Je me les approprie et, par ce biais, je les connais, aussi. Le simple fait de reporter un nom sur cette liste symbolise une histoire. Chaque personne a sa place, une symbolique propre. Car tant de gens ont fait avancer le monde et gagneraient à être connus. Je crois que c'est d'ailleurs ce qui m'intéresse le plus : parler des gens oubliés. Les conserver à la fois sur mon disque dur et dans mon ordinateur mental (puisque j'en ai mémorisé beaucoup) me rassure, me fait du bien. Je ressuscite en quelque sorte la communauté humaine qui nous a précédés, engendrés. Je suis celui qui veut relier toutes ces vies humaines, autant de cailloux apportés à l'édifice de l'Histoire.

Je lutte contre l'oubli.

Et l'oubli, c'est l'inverse de la mémoire.

Lavoisier disait « rien ne se perd, rien ne se crée, tout se transforme », maxime inspirée de l'œuvre scientifique du philosophe grec Anaxagore. Dans ma tête, dans mon monde, je dirais que « rien ne se perd, tout se retient ». Pour moi, quand l'oubli s'installe, l'ignorance se loge dans l'esprit de l'homme. Or nous devons nous battre contre l'ignorance du passé, en particulier à notre époque qui va trop vite, ne vit que de réseaux sociaux, de fausses célébrités, de communication, surfe sur l'instantané. Nous ne devons pas amputer l'histoire de ses détails, de ses menus événements, ses personnages de moindre importance, au profit de ceux dont on nous rabâche sans cesse l'action, non pas à tort, bien sûr, mais il y a tant d'autres acteurs et actrices du monde qu'on pourrait évoquer pour restituer la complexité du monde. L'histoire est tellement vaste. Il faut creuser, plonger dans ses méandres tortueux, aller glaner toutes les informations nécessaires à sa compréhension.

Comme j'ai à cœur de parler des gens méconnus, je me penche en ce moment particulièrement sur la relecture de l'histoire au féminin. Je m'intéresse à des écrivaines, des scientifiques, des militantes, des danseuses... Elles ont été si longtemps déconsidérées, mises de côté – voire purement et simplement jetées aux oubliettes. Récemment, j'ai ainsi découvert Hélène Brion, une institutrice, féministe et syndicaliste qui a écrit une *Grande encyclopédie féministe* (non éditée), dans laquelle elle avait le projet de regrouper des notices biographiques sur toutes les femmes qu'elle jugeait exemplaires, que ce soit pour leurs activités littéraires, artistiques ou scientifiques. Pendant la Première Guerre mondiale, elle a été condamnée à de la prison pour propagande défaitiste. Pacifiste convaincue, elle prêchait l'arrêt des combats ; or, en temps de guerre, il était malvenu d'instiller le doute dans l'esprit des hommes… En janvier 2022, on fêtait les cent quarante ans de sa naissance, je l'ai donc rajoutée à ma liste !

Un autre exemple, masculin cette fois-ci : on se souvient de Charles Darwin mais on ne parle jamais d'Alfred Russel Wallace, un naturaliste qui a grandement contribué à mettre au point la théorie de l'évolution par la sélection naturelle. L'histoire n'a retenu en la matière que Darwin. C'est dommage alors que leurs travaux sont complémentaires. La narration de l'histoire est injuste…

On ne connaît pas non plus Auguste Maquet, le prête-plume d'Alexandre Dumas, qui a rédigé (ou collaboré à) plusieurs de ses œuvres, ni Tristan Corbière, tombé dans l'oubli à la suite de la publication de ses *Amours jaunes*, alors qu'il aurait inspiré des poètes comme Verlaine. Le fait de rassembler tous ces gens dans ma liste, aux côtés de morts célèbres, leur donne une notoriété posthume. J'essaie de corriger une injustice, de faire rejaillir la lumière sur l'oubli.

Chez moi, j'ai un livre dédicacé de Metin Arditi, un écrivain suisse d'origine turque que j'aime beaucoup, *L'enfant qui mesurait le monde*. Il parle de Yannis, un enfant autiste qui vit sur une île grecque dans une communauté de pêcheurs. Tous les jours, cet enfant se met sur le port et note consciencieusement tous les bateaux qui rentrent, la cargaison de poissons qu'ils ramènent, les tonnages, et il compare avec les chiffres de la veille… Cette activité le rassure, le calme, et c'est pour lui le début de l'angoisse quand les bateaux ne rentrent pas au port comme d'habitude, quand le poids des poissons varie… Yannis n'a pas seulement pour ambition de mesurer son environnement, il veut aussi le garder en harmonie, alors qu'un grand groupe décide d'investir des millions d'euros pour construire un palace sur l'île… Peut-être cet enfant veut-il, tente-t-il, comme moi, de maîtriser le monde qui l'entoure ?

Sans doute ces listes sont-elles à mes yeux un moyen d'accéder à une forme de vérité humaine et historique, moi qui, en tant qu'Asperger, nourris un rapport si particulier à elle. Le fait de me passionner pour tous ces personnages disparus n'est pas un penchant morbide (je m'intéresse aussi aux personnes vivantes méconnues !), non, pas du tout. C'est, je crois, le moyen pour moi de tendre vers une connaissance la plus complète. Parce que toutes ces vies sont finies, je peux donc les appréhender dans leur entièreté ; parce que le passé est achevé, enterré, on ne peut pas le changer. Mais aussi parce que l'Histoire est porteuse de leçons que l'on devrait retenir – et certains ne l'ont toujours pas compris. La guerre, l'esclavage, la terreur, la souffrance, les larmes, le sang ont marqué d'une empreinte indélébile la marche du monde. Nous devrions toujours regarder vers le passé pour mieux appréhender l'avenir.

Certains, d'ailleurs, voudraient y retourner pour changer ce qui a été, imaginer, à l'instar d'Isaac Asimov ou de Philip K. Dick, des scénarios de science-fiction avec des machines à remonter le temps mais, selon moi, c'est une grossière erreur que de vouloir changer l'histoire. C'est parce que justement ces événements ont eu lieu qu'il y a un intérêt à ce qu'ils soient lus, considérés, enseignés et retenus.

À la fin de mon livre *Ma 153ᵉ victoire*, dans la liste de mes remerciements, j'avais écrit : « À tous les personnages de l'Histoire qui nourrissent mon inspiration, ma philosophie, et comblent ma solitude en me chuchotant constamment que la vie vaut la peine d'être vécue. » Cette phrase coincée entre deux autres est sans doute passée inaperçue, mais elle veut dire tant de choses de ce que je suis.

Tout ça me vient de loin. Quand j'étais petit, déjà, je disais à ma mère : « Victor Hugo, c'est mon copain. Dostoïevski, c'est mon copain. »

À cinq ans, je claironnais, tout fier : « Je suis né à Saint-Germain-en-Laye comme Louis XIV ! »

Ça faisait rire mes parents, ils avaient un peu de mal à comprendre !

Pour partager ma passion, j'ai depuis peu créé une page Instagram où je ne poste pas mes vacances à la plage mais des personnages historiques décédés, quand arrive la date anniversaire. Ce sont des gens pour lesquels j'ai beaucoup d'affection, dont je connais toute la vie. Vraiment, ils sont un peu comme de vieux amis. J'ai posté Aristide Briand pour les quatre-vingt-dix ans de sa mort ; Maria Montessori, la médecin italienne, pour les soixante-dix ans ; le philosophe Henry David Thoreau pour les cent soixante ans…

À chaque fois que les infos nous rapportent le décès de quelqu'un, je le relève, c'est plus fort que moi. Ma mère reçoit presque systématiquement un message : « Tiens, Régine est morte ! » Pas la peine qu'elle écoute le JT, avec moi. A contrario, souvent, elle me dit : « Pense aux vivants, Paul, fais attention à eux, prends soin des gens qui t'entourent… Bientôt, ils ne seront plus là. »

Elle trouve que je ne me préoccupe pas assez des vivants. Quand une copine fait par exemple du chemin pour me rendre visite à Grenoble, je ne change pas vraiment mes habitudes, je continue de jouer à *Questions pour un champion* le soir, à me lever tard… Je n'appelle jamais les gens, non plus, pour prendre des nouvelles. J'appelle quand il y a une nécessité, le besoin d'avoir une information quelconque sur un sujet donné. Quand je pars à Paris et que je téléphone à ma mère, elle se dit aussitôt : « Oh là là, qu'est-ce qui se passe ? De quoi a-t-il besoin ? »

C'est peut-être vrai que je ne prête pas assez attention aux vivants. Parce que les interactions sociales me posent un problème, je ne sais pas faire. Avec les morts, nul besoin de politesse, de codes sociaux, de sentiments. Je donne l'impression que je m'en fous, des gens, mais ce n'est pas vrai. Je ne sais simplement pas gérer les vivants, à commencer par moi.

Un enchevêtrement de rails

Vous vous demandez à quoi ressemble ma journée type ? Eh bien, je me lève tard. Très. Je déjeune vers 13 h 30. Quand je ne suis pas à Paris pour un enregistrement ou un rendez-vous professionnel, je reste chez moi, à Grenoble. Je lis, j'écoute de la musique, je rédige mes listes, je vais faire un tour à la librairie, je mange des gaufrettes devant la télé avec du thé glacé à la pêche, à la myrtille, à la framboise ou bien à la menthe. Vers 17 h 30, je m'évade sur Arte en regardant *Invitation au voyage* dont j'apprécie le mélange de nature, de culture, d'histoire et de géographie. Le soir, après le dîner, je joue en ligne à *Questions pour un champion* avec des copains. Ils sont plus âgés que moi mais la passion du jeu nous lie. *Qui a écrit* Le Rire de l'ogre *? Pierre Péju. Qui est Osho ?. Un gourou indien. Quel est l'autre nom du cèdre canadien ? Le thuya occidental…* Les questions s'enchaînent, on se parle, on se taquine, on rit, on recommence jusque tard dans la nuit… Et rebelote, le lendemain.

Ça ne vous semble pas passionnant ? Disons que c'est un rythme qui me convient, puisque tant de choses, d'actions de la vie quotidienne qui vous paraissent à vous anodines peuvent très vite me mettre en difficulté…

Prenons un exemple, banal : prendre le métro. Est-ce une source de stress, pour vous ? J'imagine que oui, après les attentats de Paris. Moi, ce n'est pas lié à une période donnée, à un plan Vigipirate précis, c'est *chaque fois* que je le prends, le métro.

J'entre dans la rame, elle est à moitié pleine, je m'assieds et, déjà, je ne suis pas bien. Dans ma tête, ça bouillonne. La potentialité qu'il y ait un malaise passager ; un accident sur la voie ; une agression ; un pickpocket qui glisse la main dans le sac de cette touriste ou le mien ; une personne qui entre, parle toute seule et ne porte pas de masque…

Mais il n'y a pas que ça. Dix fois, je regarde ma montre. Vais-je être à l'heure à mon rendez-vous ? Ai-je assez pris d'avance ? Et si je perdais mon ticket de métro ? Ou si je me faisais voler mon portefeuille alors qu'il est sur moi ? Et si trop de monde entrait dans la rame et m'empêchait de me lever au moment précis où je dois sortir ?…

Je me pose à peu près un million de questions à la seconde. Je m'interroge en permanence. Dès qu'une situation se présente, au même moment, dans ma tête, un éventail de possibilités s'offre à moi. Possibilités que je scanne en direct.

Attention, vieille dame en approche, quoi faire ? Réponse 1 : rester assis. Réponse 2 : lui demander si elle veut que je me lève. Réponse 3 : elle accepte. Réponse 4 : elle refuse. Si la vieille dame est accompagnée de quelqu'un mais qu'il n'y a qu'une seule place, je me dis qu'elle est plus âgée et je dois donc me lever. Chacun de ces possibles, chacun des calculs que j'y associe représente pour moi une source de stress et d'énergie. Ma pensée en arborescence se déploie en fait dans plusieurs directions en même temps, chaque idée se divisant en sous-idée, par association ou analogie et ainsi de suite… Trop d'informations affluent ainsi en permanence à mon cerveau. Et m'occasionnent cette fatigue que je subis comme une chape et qui me donne la sensation d'avoir mal dormi depuis des jours, voire des mois. Sans parler de tous les éléments extérieurs qui accroissent cette fatigue en mettant à mal mon hypersensorialité d'Asperger : la lumière, le bruit, la foule…

Dès que je rentre dans un bus ou un métro, dès que je sors dans la rue, les odeurs m'assaillent, le bruit des moteurs et des gens qui parlent me cerne, je perçois un capharnaüm de sons, d'effluves, de lumières. Je me croirais au Hellfest alors que je suis rue du Cherche-Midi. Dans ma chambre, à Grenoble, je lis comme un moine, à contre-jour. Inutile de dire que sur le plateau des *Douze Coups de midi*, j'avais l'impression d'entrer dans une boîte de nuit. Les projecteurs en plein visage, un fourmillement incessant d'individus hétéroclites, techniciens, monteurs, cadreurs, maquilleurs, candidats, public, vigiles… Je faisais un effort surhumain. Quand je devais absolument me concentrer, je baissais la tête en fermant les yeux, j'essayais de faire abstraction. Les enregistrements duraient de 13 h 30 à 21 heures, cinq émissions s'enchaînaient, durant lesquelles on nous bombardait de questions. De temps en temps, je faisais une pause à la troisième, tout seul, dans ma loge. Je ne sais pas comment j'ai fait.

Pour comprendre l'excès d'informations que peut ressentir un Asperger dans une situation lambda et qui l'oblige constamment à se suradaptater, il faut se pencher sur son câblage neurologique, très différent de celui d'une personne neurotypique. Dans mon téléphone, j'ai une photo qui me semble l'illustrer. Figurez-vous un enchevêtrement de rails au sortir d'une gare, des rails qui partent dans plusieurs directions. Chez un Asperger, les connexions neurologiques ressemblent à ça. Chez un neurotypique, elles s'apparentent plus à des rails ordonnés en ligne droite.

Un jour, au Centre expert Asperger de Grenoble, peu de temps après mon diagnostic, mes parents ont eu droit, avec d'autres, à une projection destinée à leur expliquer le fonctionnement interne d'un Asperger de manière à mieux savoir gérer leur enfant, interagir avec lui et éviter de le mettre dans des situations de stress extrême. On leur a fait un comparatif de deux cerveaux, l'un d'un neurotypique, l'autre d'un autiste, leurs connexions neurologiques étant symbolisées par des traits. Elles n'avaient rien à voir entre elles.

Dans le cas du neurotypique, les connexions sont beaucoup moins nombreuses, rectilignes. Dans le cas de l'Asperger, elles s'apparentent à une boule de fils partant dans tous les sens, comme une grande armoire électrique avec un tas de câbles entremêlés. En clair, quand vous entrez dans un train ou un métro, votre cerveau va sélectionner et encoder quatre ou cinq informations, pas plus, qui se manifesteront par autant de connexions neurologiques : une dame est assise à gauche, elle a l'air triste ; il y a trop de valises dans l'entrée ; un jeune homme essaie de se frayer un passage. Et c'est tout. Moi, je vais recevoir en même temps des dizaines d'informations qui vont se télescoper et que je vais analyser à la seconde. Un vrai bombardement. J'entendrai tout, je verrai tout et mon cerveau grimpera très vite en surchauffe.

Ce qui me protège de la fatigue provoquée par les situations du monde extérieur ? Le fait de rester chez moi, de m'extraire, de m'isoler dans ma chambre refuge, d'où ma routine. La solitude est une conséquence de l'infinité de ces moments de stress que je ressens. Et une cause, aussi. Parce que le fait de rester seul m'habitue au fait de moins sortir, engendre une régression de ma capacité à être en public. Si je m'habitue à m'aventurer au-dehors, peut-être aurai-je moins de difficulté ? C'est ce que je me dis et ce qui me conduit à faire des efforts pour m'habituer à être avec les autres, même si ce qui est naturel pour eux ne l'est pas pour moi.

C'est sans doute à cause de ce câblage différent que les personnes porteuses d'autisme ont tant besoin de routines, de rituels, d'ordre. Elles ont besoin de contrôle, non pour manipuler leur environnement mais pour réduire les risques et les impacts extérieurs sur elles-mêmes, pour se sentir sécurisées, se calmer, pour canaliser cette déferlante, cette surabondance d'informations qui les affole. Et parmi les facteurs de stress, notons justement que l'imprévu se situe tout en haut de la pyramide ! Il suffit d'un rien (selon vos critères, pas les miens !), parfois, pour que tout s'écroule, tout implose à l'intérieur.

Les voyants sont subitement au rouge. La sensation que tout se casse dans ma tête. Que tous les chaînons qui s'étaient emboîtés s'effritent. Je n'ai pas le temps de les reconstruire. Je suis sous un feu d'artifice d'angoisses et d'interrogations.

L'autre jour, ma mère m'a annoncé le matin que je devais partir l'après-midi même pour un rendez-vous à Paris. La journée a été horrible, j'ai été infect, impossible de faire passer la contrariété. Le même scénario peut se reproduire si elle me dit : « Demain, on va à la librairie. » Puis que, le lendemain en question, elle change d'avis. « Finalement, on va faire une balade, on ira un autre jour. »

Moi, j'étais content d'aller à la librairie, je m'étais imaginé un programme préalablement établi, je prenais ces rails-là et, soudain, on me fait partir sur d'autres rails. On me déroute, au sens littéral du terme. On met en panique ma pensée rigide ! Mais les autistes ne sont pas rigides – comme on le dit souvent d'eux – par volonté. C'est bien plutôt par crainte qu'ils se montrent inflexibles, pour survivre, pour conserver une certaine stabilité mentale.

En me désorientant, on fait naître en moi une autre sensation désagréable : celle de la nostalgie de ne pas faire ce qui était prévu. Car, on peut l'imaginer, scanner en permanence toutes les options, s'interroger sur tout rend très délicate la question du choix. Prendre une décision, c'est forcément se couper d'une possibilité, créer de la nostalgie par rapport à ce qui *aurait pu* être. Et hop, voilà une autre source de stress…

Je ne sais pas choisir. Qu'on me présente deux ou trois options, et je le vis comme un enfer ! Plus on me soumet de possibilités, plus je me pose de questions et plus je deviens anxieux. Et, une fois que je prends une décision, je suis déjà rempli de nostalgie… Or l'existence est un choix.

Aller vers tel ou tel diplôme ? Acheter ce T-shirt bleu ou vert ? Pourvu que le vert soit trop petit, comme ça, la question est réglée ! Je déteste faire les magasins… Si je pouvais m'en passer, je n'hésiterais pas une seule seconde, seulement, il faut bien s'habiller. En général, quand quelque chose me va, je le prends dans toutes les couleurs en plusieurs exemplaires. Les choses matérielles, dont les vêtements, m'intéressent assez peu en règle générale. Et, comme la société actuelle de surconsommation me rebute profondément, je ne passe pas ma vie à faire du shopping…

Au final, j'ai conscience que mon quotidien composé de routines ne fera pas rêver la plupart d'entre vous. Pourtant, en tant qu'autiste, c'est ce qui me permet de tenir face à tous les aléas de la vie « normale ».

On est tous l'autiste de l'autre

Tout m'agresse. Je sors de chez moi et, une seconde plus tard, un geste, un comportement, une parole peuvent m'agresser. Les gens qui ne pensent pas aux autres et rentrent non masqués ou le masque sous le nez dans les transports ; un adolescent qui refuse de se lever pour une vieille dame dans le bus ; un feu rouge brûlé par un cycliste, un scooter ; une personne qui balance sa canette de Coca par terre ; une voiture qui grille la priorité à gauche sur un rond-point ; une mère de famille qui marche vite dans la rue, obligeant ce gamin de quatre ou cinq ans au regard triste à presser le pas derrière elle ; un copain qui ne croit pas ce que je dis, alors que je ne mens jamais ; quelqu'un qui me dit qu'il va m'appeler demain et ne m'appelle pas. La liste est infinie. Il y a tant de choses qui me stressent, me rendent très nerveux, s'enfoncent en moi comme un couteau. Toutes sortes d'agressions, qu'elles soient verbales, visuelles ou physiques, me bouleversent en mode « +++ ». Chez les neurotypiques, ça glisse. Chez les Asperger, ça coince.

Dans mon monde idéal, les gens sont respectueux les uns des autres, des règles, de l'éthique, ils sont consciencieux dans leurs actes, honnêtes, précis dans leurs dialogues. Dans mon monde idéal, les hommes sont pacifiques, et l'harmonie règne sur la terre... Mais mon monde idéal n'est qu'une chimère. Dans le nôtre, j'ai juste l'impression de concentrer toute mon énergie à essayer de mettre de l'ordre dans une vie que le chaos rend insupportable, et je n'y arrive pas. Alors, je deviens capable de violence tant tout ça m'énerve, me révolte profondément.

Comment être heureux dans un monde gouverné par l'injustice, par l'inégalité crasse entre les hommes, la paupérisation des classes, la mise à sac de la planète Terre, la destruction des écosystèmes et de la biodiversité, la pollution des océans, la disparition des espèces... ? Les neurotypiques passent leur temps à vous faire sentir que vous n'êtes pas *normal*, que tout ce qui n'est pas *comme eux* ne l'est pas. Mais qu'est-ce qui est normal, dans le monde qui nous entoure, au juste ? Les riches qui vivent dans le luxe, les pauvres qui triment ? Le capitalisme galopant, cette lutte sans fin pour amasser de l'argent, quitte à sacrifier la planète entière ? La nécessité de (sur)consommer pour être heureux, d'avoir une identité par les objets, les produits, de se créer une marque sociale ? L'exhibition permanente sur les réseaux sociaux du moindre signe extérieur de richesse ? « Regardez, pauvres gens, comme je suis beau, heureux et plus riche que vous ! » Rien n'est normal, strictement rien ! Pourtant, tout le monde semble penser que ça l'est. Et on le fait croire aux gens, au travers du marketing, de la publicité, des réseaux sociaux, des médias.

Et puis on ne considère la violence que si elle se présente sous forme d'une guerre, de coups, d'insultes. Mais voir une forêt réduite en cendres est violent. Voir un cachalot échoué à cause des kilos de plastique qu'il a ingurgité est violent. Voir un morse ou un beluga euthanasié est violent. Elle est là, aussi, la violence du monde. Et j'ai énormément de mal à accepter ces états de fait, et les beaux discours, les paroles qu'on jette en l'air pour ne pas agir.

Ce n'est pas le chagrin qui m'habite, c'est la colère. Je suis très en colère contre les responsables de la déliquescence de l'espèce humaine et de la planète. Je ne m'y fais pas et ne m'y ferai jamais. Les Hommes sont incohérents, illogiques. Rien de ce qu'ils disent ou de ce qu'ils font n'a de sens pour moi.

Alors je me complais à vivre dans le passé. C'est peut-être une manière de fuir la violence du présent, d'y trouver des réponses à la superficialité et au matérialisme ambiants. La marche du monde n'est dictée que par l'économie. L'hypertechnologisation de la société actuelle me paraît mettre à bas ce qui fait l'essence de l'humain. Dans les instruments qui sont censés nous libérer, je vois plutôt des instruments d'aliénation, comme ceux de la communication. Il me semble qu'il y avait autrefois plus de considération pour le lien humain, par la possibilité de se rencontrer dans des lieux publics, de débattre dans des arènes qui permettaient la prise de parole, l'écoute vis-à-vis des autres. Les gens se parlaient plus puisqu'ils n'avaient pas d'autres moyens, pour communiquer, que de se retrouver.

Parfois, on me demande : si tu devais te transporter dans une époque, laquelle ce serait ? Je dirais l'Antiquité parce que c'est une période phare en matière d'idées, d'art, de philosophie, d'architecture, de sculpture… Je ferais bien sûr abstraction des conflits et des guerres d'alors entre Sparte et Athènes, entre l'Empire perse et Athènes… ! J'aurais par exemple adoré me retrouver sur l'Agora, la place principale, grouillant de gens en train d'écouter Socrate, le philosophe de l'oralité par excellence puisqu'il ne consignait rien par écrit. J'aurais adoré entendre Épicure discourir de son propre plaisir ou Pyrrhus, de son scepticisme. Pour ceux qui ont du mal comme moi avec le contact humain, ces espaces de parole et leur tolérance m'auraient peut-être aidé à briser mes murs et à sortir de moi-même.

De nos jours, non seulement vous êtes porteur d'autisme, mais on vous colle en plus un téléphone à l'oreille pour mieux vous isoler du reste du monde. À se demander d'ailleurs qui est autiste, sur la terre ! À mon sens, ce terme qu'emploient les neurotypiques pour nous désigner peut s'utiliser très exactement pour ceux qui passent toute la journée le nez sur leur portable ou dans leurs applications virtuelles. Aujourd'hui, on murmure à l'oreille d'une lampe pour qu'elle s'allume. C'est normal ? Pour moi, le téléphone n'est qu'un moyen de communiquer avec autrui. Quand je suis face à quelqu'un, j'ai la décence de ne pas être constamment dessus. Combien de gens le sont H24 ? Combien ça fait d'autistes sur la planète, enfermés en eux-mêmes ? On est en train d'autistiser la société, le monde entier, par le biais technologique, et on ne le voit pas ! On est tous l'autiste de l'autre, aujourd'hui.

On m'opposera, certes, la rigidité et l'inflexibilité de ma pensée d'Asperger en noir et blanc, étant donné que le syndrome est parfois synonyme d'un manque de souplesse intellectuelle (lié aux habitudes) et qu'il rend très difficile toute adaptation au changement. Or l'hyperchangement est ce qui caractérise le monde moderne, d'où mon problème avec lui… Mais l'encadre-t-on, ce changement accéléré, le pense-t-on ? Je n'en suis pas sûr. Nous sommes tous embarqués dans un train à grande vitesse qui ne s'arrête plus. Aucune gare, aucune station. Pour quelle destination ?

Notre monde exige, pour être jugé digne d'intérêt, que l'on soit festif, connecté, léger, autopromotionnel, productif, performant, riche, beau, jeune et j'en passe. Il est vrai que je ne suis pas grand-chose de tout ça. C'est compliqué pour moi de faire la fête tant ça me cause de fatigue, cette fatigue que personne ne comprend et qui me colle aux os depuis toujours, parce que m'adapter me demande des efforts constants, surhumains, pour maintenir ne serait-ce qu'un semblant de conversation. Les neurotypiques ne s'en rendent pas compte, mais c'est une faculté que d'être face à quelqu'un ou au sein d'un groupe social et de savoir « meubler », discuter, écouter. Être présent.

Je me sens tel un étranger dans beaucoup de situations de la vie. Dans un dîner, je serai indifférent aux conversations naturelles qui relient les êtres humains depuis des siècles. On parle de soi, de ses malheurs, des autres et de leurs vicissitudes, de politique… Tant de choses qui font des sujets de débats, enflamment les tablées. Pas forcément chez moi. Alors j'écoute plus que je ne participe. Et je fais des efforts pour me conformer à la façon dont je suis censé me comporter, pour essayer de comprendre pourquoi ces sujets sont abordés par les autres – ce qui me place dans un état de questionnement perpétuel, puisqu'ils ne m'intéressent en général pas du tout… Je ne suis simplement pas branché sur le même canal, la même fréquence.

Entendre les gens autour de soi discuter, bavarder, et *ne pas comprendre* l'intérêt qu'ils y trouvent.

L'autre jour, dans une société de production où je m'étais rendu en vue d'une interview, une jeune fille m'a accueilli en me disant :

— Ah, on est contents que tu sois là.

Ce à quoi j'ai répliqué :

— Pourquoi ? Qu'est-ce qui fait que vous soyez contents que je sois là ?

Elle n'a pas su me répondre. Souvent, je suis comme un enfant qui pose tous types de questions, peut-être saugrenues pour les adultes, mais pas si stupides qu'on voudrait le croire. Et, comme je ne suis plus un enfant, je tiens à ce qu'on me réponde ! Alors j'ai insisté :

— Parce que vous m'appréciez ?

— Oui, voilà, on va dire ça !

Au fond, ce qu'on appelle les codes sociaux, les règles informelles de la vie sociale, me posent un problème. J'y vois, moi, une forme d'hypocrisie. Je ne les comprends ni ne les maîtrise, me reconnaissant même une vraie « naïveté sociale ». La réponse de cette jeune femme était à moitié vide de sens. Elle aurait pu dire autre chose, cela aurait été pareil pour elle. Or, pour moi, les mots, les phrases – et même les virgules ! – sont très importants et ont un sens. Je suis dans la dimension pragmatique de la communication, j'ai besoin que l'on m'explique toujours tout en détail, et de façon précise. C'est le côté à la fois désespérément « premier degré » et farouchement intègre des Asperger.

Pour comprendre, imaginez-vous téléporté sur une planète où tout le monde serait habillé en rouge écarlate, parlerait une langue que vous ne comprenez pas et dirait bonjour pour dire au revoir. Le kinésithérapeute Vincent Meslet, YouTuber de *La Chaîne santé*, a publié une vidéo intitulée : « Je suis Asperger : parfois c'est génial, parfois c'est horrible. » Diagnostiqué dans son enfance, il explique, avec une clarté lumineuse, ce que vit une personne autiste Asperger. J'aime bien la regarder – et je vous la recommande ! –, car elle aborde des thématiques qui me touchent et dans lesquelles je me reconnais.

Vincent Meslet détaille très bien ce qui se passe dans ma tête lorsque quelqu'un lance une conversation lambda. « Et personnellement, si la discussion à laquelle j'assiste ne suit pas le schéma suivant – une problématique, la recherche de théories, des hypothèses, des vérifications, un apprentissage et, surtout, une utilité –, eh bien, personnellement, ça ne m'intéresse pas, ou très peu. » Vous imaginez donc ma tête si on me parle de la météo, d'une dispute dans le voisinage ou de la robe à carreaux achetée la veille par votre sœur… Moi, ce que j'aime, c'est apprendre des choses. Si j'enquêtais sur un meurtre et que l'information selon laquelle votre sœur, présente non loin des lieux du crime, a acheté une robe à carreaux soit importante, alors oui ! En somme, une information qui n'a pas de but m'intéressera assez peu. Je décroche très vite et je n'ai pas toujours la mémoire qui suit.

Ça ne m'étonne pas, finalement, que je veuille revenir à Socrate et à sa maïeutique, l'art du questionnement…

Mon Dictionnaire

Dehors, les cris et les ballons ricochent sur le bitume. C'est l'heure de la récré. Assis à une table du CDI du collège, le dernier bâtiment à droite au fond de la cour, en rez-de-chaussée, je n'entends rien. Face à moi, les rayonnages et le bureau de la documentaliste, Mme Pasquaud. Elle est marrante, Mme Pasquaud, avec ses lunettes sous ses cheveux crépus. C'est une créole de Fort-de-France, blanche de peau, de ceux qu'on appelle là-bas les « chabins ». On m'affuble aussi de ce nom, alors que je ne suis pas un Blanc des Antilles ! À chaque fois qu'elle voit arriver ma silhouette dégingandée surmontée de ma coupe au bol et m'observe taper mon nom sur l'ordinateur dans l'entrée à droite, elle sourit. Il faut dire que je viens souvent, non seulement aux récrés mais aussi entre midi et deux, dès que j'ai terminé la cantine. À ces heures, il n'y a même souvent que moi dans le CDI ! *Histoire junior*, *Science et Vie junior*, *Les Misérables*, *Le Comte de Monte-Cristo*, *David Copperfield*… Je prends tout et quand la sonnerie retentit, quand il faut revenir en cours, c'est le déchirement. Je vais devoir m'extirper de mon livre, de ma bulle, retrouver le bruit, la promiscuité, les autres…

Mes livres, ce sont mes meilleurs copains. Certes, ils n'ont pas de prénom, pas d'âge, mais ce sont mes amis les plus proches. Sans eux, je ne pourrais pas vivre. J'ai depuis toujours un lien viscéral à la lecture, à la littérature – et donc aux lieux qui me permettent d'y avoir accès, comme le CDI ou les librairies. Ce n'est sûrement pas pour rien que mon deuxième prénom est Adib, qui signifie en arabe « homme lettré ».

Je lis tout le temps. Matin, midi et soir. Dès que j'ai du temps. Mes livres, je les hume, je les touche, je les palpe, chacun a une histoire, une graphie, un résumé, une couverture, des couleurs, des images, des photos. C'est ce qui fait sa particularité. Un livre ne ressemble à aucun autre.

Dans ma chambre, à Grenoble, il y en a partout. Plus on avance, plus il y a de piles de bouquins. Je n'ai même plus la place de les ranger ! Contre le mur, quatre étagères dégueulent de livres et, devant les étagères, j'en ai encore d'autres piles. Des livres que je récupère, des livres qu'on me donne, des livres que j'achète à la brocante, à la librairie Arthaud à Grenoble (et Dieu sait que j'en achète beaucoup !). Dans leur désordre apparent, ils sont tous rangés par thèmes, je sais précisément où je les mets : les grandes encyclopédies ; les livres sur les animaux ; les livres de ma jeunesse ; les BD ; les « Folio biographies » ; les romans graphiques…

D'aussi loin que je me souvienne, j'ai toujours lu, dès le primaire. Comme beaucoup d'enfants, j'y ai découvert les dinosaures, ma passion de gamin. Il doit y avoir plus de deux mille espèces connues, et je les ai toutes assimilées ! Tricératops, tyrannosaure, tarbosaure, allosaure, euoplocéphalus, ankylosaure, piatnitzkysaure, mononykus, gallimimus, ornithomimus… J'adorais déchiffrer ces noms aux consonances étranges, les répétant dans ma tête, m'imaginer, sous ces noms, la forme et l'immensité de ces mastodontes qui ont peuplé notre planète, écumé la terre, les océans et les airs avant de s'évanouir il y a près de soixante-cinq millions d'années. J'ai six ou sept ans quand je découvre leur monde extraordinaire dans mon encyclopédie *Fleurus*, avant d'avaler les opus sur le Moyen Âge, l'Antiquité, la préhistoire… Ce sont mes parents qui me les achètent, comme les livres sur la mythologie grecque, qui me fascine.

C'est vers ma huitième année que j'ai vraiment commencé à lire, et je ne me suis plus jamais arrêté. Progressivement, je me suis mis à feuilleter tout ce qui me passait sous la main, classiques, littérature fantastique, biographies, romans historiques, BD, mangas… Je dévore tout. Je lis énormément de biographies, surtout celles de la collection « Folio biographies » – depuis la toute première, consacrée à Balzac, jusqu'à la dernière en date, au moment où j'écris ces lignes, à Miles Davis. Sur les cent cinquante-quatre publiées, j'en possède près de quatre-vingts.

La lecture représente mon refuge. Mon échappatoire. Avec les livres, je me situe dans un monde où il n'y a pas à interagir, pas de politesse, pas de codes à décrypter. Les livres sont un filtre entre le réel et moi, un rempart contre ma solitude, profonde, que rien ne semble pouvoir briser. Parfois, dans mes moments de noir, je dis à ma mère :

— Je me sens seul, maman.

Elle me répond :

— Tu plaisantes, Paul, tu n'es pas seul. Je suis là, ton père aussi, ton frère, ta sœur…

Elle a raison, d'une certaine manière. Mais ce qu'elle ne saisit pas, c'est que la promiscuité de la « normalité » peut avoir un effet inverse : vous isoler au lieu de vous faire sentir partie d'un tout.

Alors, depuis toujours, je m'accompagne de mots, de personnages, d'histoires. J'en suis peuplé, même, puisque je retiens presque tout ce que je lis. Ce qui ne veut pas dire que je retiens tout par cœur, mais si je lis une biographie qui m'intéresse, je me souviens d'un très grand nombre de choses.

Récemment, j'ai lu *Le Rêve du Celte*, une biographie romancée écrite par Mario Vargas Llosa sur Roger Casement, un diplomate britannique à la fois poète, nationaliste et révolutionnaire irlandais. C'est le deuxième livre que je lis sur lui après *Roger* de François Reynaert. J'avais repéré son nom dans une anthologie de mots d'esprit et de discours qui ont fait l'Histoire. L'un de ses discours contre la barbarie des troupes coloniales belges au Congo et l'esclavage m'avait marqué. C'est comme ça que j'ai eu envie de le connaître – c'est drôle, je dis « connaître », comme je pourrais dire « faire sa connaissance » ou bien « rencontrer ». Depuis, rien de sa vie passablement alambiquée ne m'est étranger. Sa naissance dans une famille irlandaise en 1864 ; son attirance, très tôt, pour les voyages, ses débuts à seize ans dans une entreprise de transport maritime à Liverpool ; son premier séjour en Afrique où il rencontrera l'écrivain Joseph Conrad ; son recrutement par le Foreign Office britannique en tant que diplomate ; ses enquêtes minutieuses menées sur les conditions sauvages du travail forcé dans l'État indépendant du Congo, alors propriété privée du roi des Belges Léopold II, dans le cadre de la terrible course qui opposait alors les empires coloniaux dans la culture de l'hévéa pour le latex, à la base du caoutchouc. Si les populations indigènes ne récoltaient pas les quantités toujours plus importantes exigées par le roi belge, des milices leur coupaient une main – d'où leur surnom « les mains coupées » –, sans parler des meurtres commis, des enlèvements et autres exactions de masse. Roger Casement en tirera un rapport accablant, qu'il reproduira ensuite au profit des Indiens d'Amazonie soumis à la même collecte sauvage du latex, avant de revenir s'installer en Irlande où il prendra fait et cause pour les nationalistes… Le 3 août 1916, il finira pendu à Londres pour haute trahison malgré les interventions de noms réputés dont Sir Arthur Conan Doyle et George Bernard Shaw. J'ai dévoré d'une traite la vie de Roger Casement. Sa fin tragique – les Britanniques l'ont tué d'une manière très violente – m'est restée dans la tête.

Il m'habite, il a fait son nid en moi, comme tant d'autres personnages de l'Histoire qui n'intéressent pas grand monde.

S'il y a un livre qui m'accompagne partout, depuis toujours, c'est bien le dictionnaire. Mon premier *Larousse*, c'est ma grand-mère maternelle qui me l'a offert, en 2013. Il était grand temps d'en avoir un, à quatorze ans ! J'étais ivre de joie. Ce dictionnaire, je l'ai regardé, parcouru, lu en long, en large et en travers pendant six ans et demi. Je m'y plongeais, je m'en éloignais, j'y revenais, il était devenu mon livre de chevet. Seulement, les années passent, les gens meurent et, au bout d'un moment, un dictionnaire se périme. En 2019, alors que je participais aux *Douze Coups de midi*, un fan de l'émission a déclaré qu'il allait organiser une cagnotte pour mon anniversaire. Et quel cadeau ai-je reçu ? Un superbe *Larousse* en cuir rouge, relié or, édition limitée 2019 ! Il trône toujours sur mon bureau, je suis infiniment reconnaissant à tous ceux qui ont contribué à me l'offrir. Depuis, je n'utilise plus que celui-là. Entre 2013 et 2019, j'ai ainsi découvert que des noms ont été rajoutés : Novak Djokovic, Rafael Nadal, Lewis Hamilton, Pierre Hermé, la prix Nobel Malala Yousafzai… La dernière fois que je l'ai ouvert, c'était pour y chercher des noms qui manquaient encore à ma nécrologie.

Dans mon dictionnaire, je m'en rends compte, je cherche surtout des noms propres. J'ai un attachement profond aux noms propres. J'aime apprendre les gens. J'envisage et je lis d'ailleurs l'histoire le plus souvent à travers ses personnages, jusqu'aux plus méconnus. De manière générale, la compréhension que j'ai de beaucoup d'événements s'alimente toujours d'éléments très précis. Il faut que je sois dans le détail – c'est une caractéristique de la pensée des Asperger. Comme la routine, comme le sens exact d'un mot, le détail est réconfortant, pour nous. Il est un point d'accroche dans la vie, un rocher auquel s'agripper dans un tout un peu indéfini. Dans une conversation, j'ai ainsi toujours des nuances à apporter à ce qu'on me dit, des précisions à ajouter… qui font que, pour bien des gens, mon discours finit par devenir incompréhensible ! Évidemment, pour moi, il ne l'est pas puisque j'ai toutes ces considérations en tête… Cette manie m'a d'ailleurs porté préjudice à l'école, dans les rédactions puis les dissertations, où l'on vous demande toujours d'aller du général au particulier. Vous plantez le décor de manière globale et ensuite, vous illustrez votre propos. Moi, je faisais l'inverse ! Par exemple : « Parlez-nous du stalinisme de l'arrivée au pouvoir de Staline jusqu'à son décès. » Je parlais de Iagoda, le directeur du NKVD de 1934 à 1936 qui a exécuté les ordres de Staline pendant la collectivisation, puis de son successeur Iejov, principal artisan des grandes purges staliniennes… J'évoquais ces gens et bien d'autres, tant et si bien que j'oubliais de parler de l'URSS elle-même !

Pour ma défense, je crois m'être tellement suradapté à l'école pour essayer de répondre aux injonctions des professeurs que, par miracle, je ne me suis jamais retrouvé en échec. Je n'ai jamais été mauvais en écriture, en orthographe… En classe, je n'étais pas présent dans ma tête mais j'apprenais d'une autre manière – dans mes heures en solitaire au CDI.

Encore aujourd'hui, chaque fois que j'achète un livre, c'est comme si je m'offrais un trésor. C'est une vraie, profonde sensation de plaisir, comme celle qui peut éclabousser vos papilles, vos narines, votre cerveau quand vous mangez du chocolat. Avant même d'être intellectuel, le plaisir pour moi est d'abord sensoriel. Je respire chacun de mes livres. Les Asperger ont en commun une hypersensorialité, des sens particulièrement aiguisés, réglés trop fort, en quelque sorte ; selon les gens, ce sera plutôt l'odorat, l'ouïe, la vue… Moi, je sens et ressens tout ! Et tous les livres n'ont pas la même odeur, ne sont pas faits du même papier, n'ont pas été entassés au même endroit… Beaucoup de facteurs jouent dans la carte d'identité olfactive d'un livre.

Mais acheter un livre, c'est le plaisir que je me représente : celui de lire ce livre et de le terminer. J'aurai alors l'impression d'en avoir fait le tour, d'avoir appris. On y revient : le besoin de connaissance, d'entièreté ; le sentiment de malaise et même de culpabilité créé par l'inachevé, l'imparfait. Lire, entrer dans des mots, m'apaise.

Les mots, justement, m'ouvrent tout un monde, et même une infinité de mondes. Quand je lis un mot, beaucoup d'autres me viennent à l'esprit. Lorsque je tombe sur « eau », une foule d'images, de sons, d'odeurs, de couleurs m'assaillent en même temps. Un mot me transporte dans un ailleurs, au sens littéral du terme. Comme si j'ouvrais une porte et que je partais en voyage. Certains autistes, à l'instar de Daniel Tammet qui a écrit *Je suis né un jour bleu*, voient dans les chiffres des couleurs, des formes et même des textures. Pour lui, le 4 est pointu ; le 6, un peu flasque. On appelle ça la synesthésie. Pour moi, ce n'est pas le mot en lui-même qui revêt ces caractères mais plutôt ce qu'il signifie, symbolise. Quand je vois « eau », je vois une bouteille, je vois l'océan, la pollution, des animaux marins, la banquise, je vois un lac, torrent, atoll, lagon, lagune, mare, marée, mangrove, marigot… – et ça y est, je suis en train de faire une liste !

Le français est une langue extraordinaire, les sonorités y sont étonnantes, les lettres assemblées les unes aux autres composent une beauté visuelle et auditive qui m'émerveille à chaque fois. Et puis il y a tant de mots pour désigner une chose, une telle richesse dans la sémantique. Tous les jours, je m'imprègne de nouveaux mots qui rendent mon vocabulaire plus fort, plus puissant. Des mots que je reporte consciencieusement dans un petit carnet que je garde toujours dans ma poche. Ce carnet, c'est mon petit dictionnaire à moi, il m'a été offert par Gérard, un copain de mon club *Questions pour un champion*. Depuis deux ans, j'y consigne tous les nouveaux vocables que j'apprends ou qui me plaisent. Parmi les derniers : le « Vidourle », le nom d'un fleuve cévenol. La « magnanerie », un local où se pratique l'élevage des vers à soie, la sériciculture. La « cascabelle », l'organe sonore des crotales. Les « talaria », les sandales ailées du dieu Hermès. La « tesselle », une pièce faisant partie d'une composition ornementale comme la mosaïque. L'« épitomé », l'abrégé d'un livre d'histoire. Le « proboscis » : le nom scientifique de la trompe pour certains animaux dont l'éléphant. « Dulcicole » : qui vit en eau douce…

Une fois que j'ai appris ces mots, j'ai une manie, je les efface au blanco, si bien que mon petit carnet est constellé de taches blanches ! Je sais que certains pensent que je suis pédant mais, moi, je ne le vois pas du tout comme ça. J'aime simplement signifier aux gens ce que contient leur propre langue, parce qu'ils ne se doutent pas toujours de sa grandeur. J'aimerais que tout le monde aime apprendre des mots comme moi ! « Coruscant », « valétudinaire »… Depuis toujours, je leur suis extrêmement attentif, attentif à ceux qui sont formulés en face de moi, attentif à ceux que j'utilise. Dans une discussion, j'essaie ainsi toujours d'employer les termes adéquats pour que ma parole soit toujours limpide, pour que la ligne claire des mots nous relie. Je ne supporte pas d'utiliser un mot pour un autre, conséquence aussi du fait que, comme tous les autistes et d'autant plus les Asperger, il m'est difficile de décoder correctement les communications non verbales, le ton de la voix, les expressions faciales… Je me fie donc uniquement aux mots eux-mêmes. Si j'étais né à l'époque d'*Apostrophes*, j'aurais suivi l'émission de Bernard Pivot avec assiduité. Et puis il y a eu *Bouillon de culture*, mais j'étais encore trop petit !

Sans les livres, je ne sais pas ce que je serais. Je n'aurais pas la philosophie de la vie que j'ai.

Dr Jekyll et M. Hyde

BOUM ! BOUM ! BOUM !

Le mur résonne dans ma tête. À moins que ce ne soit le bruit de ma tête qui se cogne contre le mur. Mon crâne ricoche, je me tape en hurlant contre les étagères de ma chambre, ça me vrille les oreilles, le ventre, les tripes, tout.

Je me tape parce que je veux que ça s'arrête. Que la douleur s'arrête.

Je veux vomir toute ma colère, je veux qu'*il* sorte de moi.

Il est là. *Il* me regarde avec ses petits yeux rouges aussi ronds que des globules, ses yeux de sang plantés dans les miens et ses petites cornes qui surmontent sa tête hideuse, sa face de singe balafrée. Il y a écrit *SUFFER* sur son bras – le mien.

Il – mon double démoniaque, le démon qui m'habite – s'est réveillé. Qui l'a réveillé ? Moi ? Les autres ? Une réflexion malvenue de mon frère ? Mon père que j'ai exaspéré par mon attitude et qui m'a demandé de sortir de la maison ? Je ne sais plus. Il a fait son nid en moi, de toute façon, il n'est jamais bien loin, et il n'attend qu'une chose pour se montrer, c'est que je vacille ou bien que quelqu'un le secoue.

À l'intérieur de moi, caché derrière mon sourire, mes maladresses de grand garçon, mon regard qui s'enfuit parfois, il y a bien un démon. Un démon qui hiberne dans mes cellules, au chaud, et s'empare de la moindre occasion pour me menacer.

Je suis un être dédoublé. J'en ai une conscience très aiguë mais je ne le dis jamais, à personne, ou très rarement. Ceux qui ne me connaissent qu'au travers du prisme de la télévision et de la radio ne le savent pas, et même ceux qui pensent me connaître un peu ne se l'imaginent pas. Il y a le Paul gentil, souriant, content, qui obéit, fait ce qu'on lui demande. Et il y a le Paul démoniaque, en rébellion contre la violence du monde, qui souffre. Une terrible douleur qui provient de la lutte acharnée que je mène depuis des années pour me faire accepter de la norme, pour me « normaliser » dans un monde où rien ne l'est. Le relativisme, le cynisme ambiants me rendent littéralement fou. Tout comme l'inadéquation perpétuelle, l'incompréhension constante entre moi et le monde.

Je suis comme Dr Jekyll et M. Hyde. Je crois que je suis quelqu'un de bien, de foncièrement gentil mais, parfois, le démon prend possession de moi et me défigure. Je tiens alors des propos de dictateur psychopathe, je fais mal, terriblement mal, j'éructe ma rage contre la terre entière et j'ai conscience de le faire, contrairement à nombre de schizophrènes. Quand, petit, je disais à ma mère dans le bain : « C'est pas moi, c'est ma tête », j'avais sans doute déjà conscience, à cette époque, que j'agissais malgré moi, qu'une force irrésistible me poussait à agir de cette façon, quand je piquais des crises de nerfs, quand je ne voulais pas obéir, quand je ne voulais pas manger.

Au moment où je me sens devenir M. Hyde, je le ressens dans tout mon corps. Mes poings se crispent, mes mains se tordent, mes muscles se raidissent. Je le vois, le petit démon, mon esprit le visualise, clairement. D'abord, il a le regard noir et plus ça va, plus ses yeux virent au rouge. Ils sont fous, ces yeux, ils brûlent de tout balayer, tout détruire.

Un rien peut le faire surgir : ma mère qui oublie de me dire quelque chose qui va contrarier mon emploi du temps et mes prévisions mentales ; moi qui demande à mon frère d'éteindre la lumière dans le couloir et il ne le fait pas – le gaspillage me rend malade, si bien que pour éviter d'avoir à constater l'ampoule restée allumée, parfois, je ne sors même pas de ma chambre… ; mon père qui n'emploie pas les mots adéquats, n'est pas précis dans ce qu'il raconte. Par exemple :

— Cesária Évora est portugaise.

— Non, elle est capverdienne.

— Oui, mais elle parle portugais, c'est pareil.

Et là, je deviens fou !

Les membres de ma famille sont les premiers à essuyer les pots cassés de mes énervements car ils sont en première ligne, les pauvres. Je suis d'une exigence folle envers moi-même et les autres, ne supportant aucune contrariété, voulant toujours qu'ils me comprennent même lorsque ce n'est pas à leur portée. « La lucidité est la blessure la plus rapprochée du soleil », disait René Char. Pourquoi faut-il associer le fait d'être lucide à une brûlure ?

Je ne m'aime pas dans cet état. Je me déteste, même. Comme extérieur à mon enveloppe, je me vois faire, je vois la laideur inhérente à la violence verbale dont je fais preuve envers moi-même et mes proches, j'ai conscience du mal qui monte dans mes veines et me ronge, et que je retiens pourtant du mieux que je peux, comme un chien furieux qui tire sur sa laisse. À bout, je finis par le lâcher. Parfois, je me tape la tête avec mes mains pour en faire sortir la souffrance, car je ne vois pas quoi faire d'autre. Sartre a écrit : « L'enfer, c'est les autres. » En ce qui me concerne : « L'enfer, c'est les autres, et c'est moi. »

Dans ma vie, ça se passe comme ça. Et, par moments, j'ai l'impression d'être un monstre, qui ne sait plus s'il est gentil ou méchant. Je suis les deux, sans doute. Le mal et le bien. Même ma mère, si on l'interroge, serait incapable de trancher. Je ne crois pas être quelqu'un de méchant. Parfois, le diable prend possession de ma manière d'agir, mais il n'arrivera jamais à porter atteinte à ce que je suis, du moins je l'espère. Je tente de rester la belle personne que je pense être, bien que de temps à autre le doute m'assaille. Ma passion pour les non-violents de l'histoire, Nelson Mandela en tête, vient de tous ces remous intérieurs. Eux ont réussi à propager leur idée de lutte acharnée pour la paix sans verser une goutte de sang. Même si je n'y parviens pas – et n'y parviendrai certainement jamais –, j'essaie de m'en inspirer. Cela sert à ça, la connaissance de l'Homme.

Je lutte en permanence contre mon démon, donc contre moi-même, et contre les autres. Dans mon for intérieur, quand je sens que ça monte, j'entends mon double :

— Fais attention, Paul, si tu commences à t'énerver, je risque de prendre le dessus sur toi, fais attention !

— Non, tu ne vas pas gagner !

C'est le genre de dialogue de sourds que je peux avoir entre moi et moi. Un peu à la manière de Naruto et Kyūbi ou Venom et Eddie Brock, pour ceux à qui ces comparaisons parlent – toutes proportions gardées, bien sûr ! Mais parfois, je n'ai pas le choix, il est trop fort, je me rapproche alors de la ligne rouge et il faut me canaliser. Dans ces moments-là, il n'y a guère que ma mère qui ose entrer dans ma chambre pour me parler, me contenir. En général, je ne veux rien écouter, rien, je suis un disque rayé, en boucle sur le même problème. Parfois, avant de m'énerver, j'arrive à m'éloigner de la source de mon énervement. Mais bien souvent, sans entrer dans un paroxysme de colère, je n'arrive simplement pas à « passer à autre chose ».

Dans *Ma 153e victoire*, je raconte ainsi quelque chose qui peut paraître anecdotique. Sur le plateau des *Douze Coups de midi*, devant moi, Jean-Luc Reichmann a tué une mouche qui le gênait en voletant autour de lui. Aussitôt, je me suis buté, renfermé. À partir de là, impossible de tirer quelque chose de moi. J'ai senti la colère bouillonner dans mon ventre comme la lave d'un volcan et je n'ai pas réussi à faire la part des choses. On ne met pas un animal à mort devant tout le monde qui rigole et applaudit à tout rompre ! Quel besoin de tuer cette mouche inoffensive ? Au nom de quoi l'être humain qui est autocentré et se croit supérieur à tout s'arroge-t-il le droit de tuer les animaux ? De détruire les plantes ? De scier les arbres ? Au-delà de la mouche, tout ça fait partie pour moi de la même logique, du même système de pensée, que je ne comprends pas. L'être humain n'est qu'une qu'espèce parmi d'autres au milieu d'une faune à préserver. Détruire des arbres, c'est détruire les animaux qui vivent à proximité, nous priver de l'oxygène qu'ils fabriquent. Toutes les espèces vivantes, des plus petites aux plus grandes, sont reliées sur la planète. Nous faisons partie d'un tout, c'est même une simple question d'ordre logique. Penser l'inverse, saccager la Terre comme nous le faisons est tout bonnement incompréhensible pour moi. Cette idée me fait tellement mal qu'elle me réveille parfois la nuit. Quand je suis couché, il m'arrive de soliloquer : « Mais comment peuvent-ils faire ça ? Comment c'est possible ? »

Entre les murs

Il neige, il fait froid, il fait nuit. Octobre 2015 à Villard-de-Lans, en Isère, dans le logement montagnard de ma grand-mère maternelle. Qu'est-ce que je fiche ici ? Avant-hier, j'étais dans le jardin de notre maison de Fort-de-France, au milieu des couleurs de la Martinique, ses bougainvilliers, ses cocotiers, ses bananiers, je baignais dans une chaleur d'étuve. Je me retrouve là, avec toute la famille, en plein dans le gris de l'automne hexagonal. Nous avons atterri ici pour deux raisons : à la suite de mon diagnostic, on a dit à mes parents qu'il n'y avait aucune structure de prise en charge en Martinique, aucune possibilité de m'accompagner correctement ; mes parents ont donc pensé qu'il serait mieux de déménager sur le continent. Or, à Grenoble, il y a un Centre expert Asperger, et il se trouve que maman a pu obtenir une mutation professionnelle là-bas. Double raison de venir. En attendant que notre futur appartement boulevard Foch ne soit plus en travaux, nous logeons tous les cinq chez ma grand-mère, et mon moral décline aussi vite que le jour sur cette ville encaissée.

J'ai dû intégrer ce lycée en cours d'année de première. Nouvel établissement, nouveaux camarades, nouvelle place à se tailler dans un groupe social, encore. L'angoisse. Impossible de me lever le matin, je suis collé à mon lit. Et quand j'arrive péniblement à m'en extirper, je suis incapable de suivre les cours, je ne prends plus de notes, je me laisse complètement aller. À la maison, ce n'est pas mieux : je me renferme ou bien j'explose comme un volcan. J'oscille entre l'agressivité, la violence, les pulsions morbides et le néant. À table, ma mère est obligée de me demander de sortir tellement je rends l'ambiance irrespirable. Je monopolise la parole, je bouillonne sur ma chaise, j'invective tout le monde, mon frère, mon père, ma sœur. Et quand je cesse de les agresser, c'est pour répéter non pas dix fois, mais vingt fois les mêmes choses à ma mère, dans des accès de TOC qui la rendent dingue : « Dis-moi oui, maman. Maman, dis-moi oui, dis-moi oui, dis-moi oui, dis-moi oui, dis-moi oui… »

Je ne débugge pas. On appelle ça la palilalie : c'est la répétition de mots de manière involontaire. Je tourne en rond dans ma tête, je suis dans une impasse et je ne peux en sortir que lorsque ma mère me dit « oui ».

Pour la première fois de ma vie, je suis en train de faire une dépression. Je coule, bien profond. Ma mère s'entête à me lever le matin par la peau des fesses pour que j'aille au lycée. « Si je ne le force pas, il est mort et on est tous morts. »

Mon père, qui n'est pas au mieux de sa forme lui non plus, parce qu'il a dû abandonner en Martinique sa petite entreprise de travaux (électricité, plomberie…) préférerait me laisser en paix.

Pendant six mois, de janvier à juin 2016, nous allons ainsi tous tenir à un fil et côtoyer le gouffre, sans aucune aide. Parce que le fameux Centre expert Asperger pour lequel nous sommes venus nous a refoulés au motif que je suis mineur. On nous a ensuite dirigés vers la Maison des jeunes. Mais la liste d'attente est de trois ans… Déconvenue la plus totale. Mes parents ont fini par dégoter un psychiatre qui s'y connaît un peu en autisme et a bien voulu me prendre, histoire de me signer mes ordonnances.

Ma chance, c'est qu'au lycée, même si certains me trouvent « trop bizarre », je rencontre des gens plutôt compréhensifs dont une infirmière scolaire qui, quand elle voit ma mère arriver le matin les yeux cernés et le visage broyé, lui déclare :

— Ne vous inquiétez pas, je connais le syndrome Asperger, je vais gérer.

C'est bien la première fois en dix-sept ans qu'on nous dit un truc pareil. Jusqu'ici, personne n'y connaissait rien à rien. Compatissante, elle me rassure :

— Paul, quand ça ne va pas, tu descends à l'infirmerie.

Là, elle m'allonge dans le noir, me donne quelques gâteaux et me laisse remonter quand ça va un peu mieux. Elle a négocié cette pause avec les profs et, cahin-caha, on avance comme ça. Durant cette même année, mes parents montent un dossier de reconnaissance de handicap – une épreuve sur le plan émotionnel et administratif pour eux qui, pour la première fois, doivent se rendre à l'évidence : ils sont en train de demander à la société de reconnaître un handicap à leur fils…

Il faut, en effet, le faire reconnaître par l'administration, ce qui signifie : rassembler toutes les pièces nécessaires (le diagnostic, les innombrables courriers médicaux…), les expédier à la Maison départementale des personnes handicapées (aujourd'hui rebaptisée MDA, Maison départementale de l'autonomie), attendre ensuite que cette organisation réunisse la Commission départementale de l'autonomie avec les médecins spécialisés sur ces questions. En général, l'attente est longue avant de recevoir un courrier qui valide, ou non, notre demande. Une fois qu'elle est reconnue, l'administration vous donne alors un taux de handicap – le mien est compris entre 50 et 80 %, ce n'est donc pas le maximum. Grâce à ça, nous obtiendrons une allocation éducation enfant handicapé (AEEH) de soixante euros par mois et une auxiliaire de vie scolaire (AVS) en terminale, Virginie, qui m'aidera beaucoup.

Avant que toutes ces démarches n'aboutissent, je passe le bac de français. En fin de première, mes résultats sont désastreux. Trois points de retard sur la moyenne : 7. Ça ne me ressemble pas, moi qui n'ai jamais été en échec scolaire. La dépression est bel et bien là, à tous les niveaux.

En terminale, Virginie, par sa présence, sa douceur, son attention, me permet néanmoins de redresser la barre. Peu à peu, je remonte jusqu'à la moyenne et, chose incroyable, je me fais même des copains dans ma nouvelle classe. J'obtiens finalement le bac, sans mention, mais du premier coup, moi qui m'imaginais au rattrapage. Grande victoire !

Sur cette lancée, je m'inscris en première année en histoire de l'art à l'université de Grenoble. Le changement est énorme : le lycée est derrière, les copains aussi, tous partis à droite et à gauche. À la fac, un monde nouveau s'ouvre, un décor beaucoup plus grand, beaucoup moins encadré… Et, pour ne rien arranger, ma mère, qui a passé l'ENA en interne, se met à partir toutes les semaines à Paris pour son nouveau travail. Elle ne rentre plus que le week-end. Il n'en faut pas plus pour que, de nouveau, je sombre.

BOUM ! BOUM !

C'est vendredi soir, ma mère est rentrée de Paris un peu plus tôt, épuisée.

L'écho de mes hurlements et de mes coups se propage de ma chambre à tout l'appartement. Maman, qui dormait, se relève, les paupières lourdes et les nerfs fusillés.

— Paul, il va vraiment falloir que tu arrêtes de crier, il faut qu'on DORME. On est FATIGUÉS !

Oui mais moi, je ne dors plus. Le démon ne me quitte plus, ni le jour ni la nuit. Je ne vois plus qu'une solution pour que ça s'arrête : l'hôpital. Durant la semaine, j'écris à ma mère de longs messages pour la supplier de m'envoyer là-bas. Ce ne sera pas pour cette fois. Bon an mal an, je finirai par m'en sortir à l'aide d'une nouvelle béquille, la Sertraline, un antidépresseur qui me convient mieux que le Risperdal et me stabilise, plus ou moins. Seulement, comme à chaque fois, ma mère finit exsangue : « La prochaine fois, c'est sûr, Paul, je te ferai hospitaliser, on a besoin d'aide. »

En ce début d'année 2022, je suis redevenu proprement infernal. Un volcan en éruption dont la lave ne cesse plus de couler et de répandre ses cendres dans l'appartement familial. Ce matin du 10 février, avec ma mère, nous voilà donc sur les hauteurs de Grenoble, devant la clinique psychiatrique du Dauphiné, à Seyssins. Un immense bâtiment flambant neuf, blanc et rouge, tout en haut de la colline. À l'intérieur, tout est blanc. À l'accueil, on nous fait remplir des papiers, ma mère signe des chèques pour les repas, la prise en charge et un autre de caution « au cas où je casserais du matériel ». Puis un jeune médecin trentenaire nous reçoit dans une pièce étriquée.

— Qu'est-ce qui vous amène ici ?

— On hésitait à venir depuis un moment mais, là, ce n'est plus gérable…, lâche ma mère à bout de forces.

Le médecin se tourne vers moi.

— Et vous, monsieur El Kharrat, pourquoi êtes-vous là ?

— Parce que j'ai accepté de me reposer ici, d'essayer de me ressourcer et de me calmer les nerfs.

Il hoche la tête d'un air entendu, m'explique qu'on va me faire une prise de sang. Il se heurte à un refus catégorique de ma part, alors il me demande :

— Pourquoi entrez-vous dans ces crises d'énervement ?

— Pour toutes sortes de raisons que je juge injustes, non rationnelles.

À sa tête, et à la mienne, je vois qu'il s'interroge : est-ce que je n'aurais pas des tendances paranoïdes ? Il enchaîne :

— Vous prenez des médicaments ?

— Oui, de la Sertraline.

— Très bien. On va vous montrer votre chambre.

Ma nouvelle chambre est immaculée, elle aussi. Lit blanc, chaise blanche, table blanche. Je mettrai cinq jours à en sortir. À chaque fois qu'un psychiatre passe la porte, je me renfrogne et maugrée :

— Ça ne changera jamais ! Je serai toujours comme ça !

Les infirmiers veulent que je mange à certains horaires et me retirent le plateau encore plein cinq minutes après. Je me bute, c'est non ! Je finirai par en parler au médecin pour manger, enfin, à mon propre rythme. Pendant la journée, je lis, je regarde la télé, je goûte, je continue mes listes… J'y resterai au total huit jours, un peu soigné, un peu apaisé mais pas franchement guéri.

Je sais bien que ça recommencera. Que je retomberai, après m'être relevé, encore et encore. Difficile de me maintenir dans un état psychologique stable. Mes émotions évoluent très rapidement. Quand je suis content, ça ne dure pas. Quand ça ne va pas, j'espère que ça ira mieux. Et dès que ça va mieux, je me dis que ça n'ira plus, bientôt. Disons que je suis d'un tempérament assez pessimiste d'un point de vue philosophique. C'est pour ça que j'ai tant lu Schopenhauer, pour qui la souffrance est constitutive de l'essence de la vie et de la condition humaine.

A minima, je sais que j'aurai toujours pour compagne cette fatigue qui m'englue depuis toujours. Je ne dors pas, je suis fatigué ; je dors trop, je suis fatigué ; je vais dehors, je suis fatigué. Même les choses que j'aime faire, comme aller au cinéma ou au musée, je dois souvent y renoncer parce que je suis fatigué. Personne ne comprend que je le sois à vingt-trois ans. C'est un état constant, en réalité. J'arrive à donner le change parce que je fais des efforts tout le temps, des efforts incommensurables que les gens ne voient pas. J'aimerais qu'ils prennent conscience de la dose d'énergie qu'un Asperger doit déployer pour essayer de se conformer à ce qu'on attend de lui, pour ne pas être déconsidéré. Elle est inimaginable, et pourtant bien réelle.

S'il y a quelqu'un qui s'en aperçoit, c'est le kiné. Mes problèmes récurrents de dos m'y conduisent de temps en temps. C'est toujours la même chanson : il a rarement vu une musculature aussi contractée, un sac de nœuds pareil ! « Il n'y a rien de détendu, là-dessous, tout est dur, du béton armé ! Tu n'as pas la moindre parcelle de ligaments relâchée ! »

J'ai toujours pensé que je ne vivrais pas vieux. À force, mon corps pâtit de mon activité cérébrale en surchauffe, j'en suis sûr. Toujours en train de réfléchir. Pas une demi-seconde où mon cerveau ne traite une information, où une question ne me traverse l'esprit, puis une autre… Le soir, je recule l'heure de dormir pour rédiger mes listes, pour lire. Et tout ressentir en démultiplié est usant pour l'organisme. Entrer en crise est épuisant. Mes muscles se crispent, mes os saillent, je respire comme Dark Vador, mon rythme cardiaque s'accélère, mon cœur pompe comme un fou, il envoie du sang à haute pression. Alors, mon corps lui aussi fatigue. L'esprit, le corps, tout est lié.

Tous les spécialistes de la santé mentale le savent : les personnes atteintes de troubles psychiatriques voient en général leur vie écourtée d'une quinzaine d'années. Ces troubles sont souvent responsables d'une moins bonne hygiène de vie : les individus sont moins actifs, se nourrissent moins bien, certains souffrent d'addictions, d'effets secondaires des psychotropes…

Parfois, je me couche en me demandant si je me réveillerai le lendemain. Comment on est quand on est mort ? J'imagine. Mon esprit brûle ses dernières cartouches, mon activité cérébrale cesse. Il ne reste plus rien. Pas de douleur. Pas de souvenir. Pas de conscience d'avoir jamais existé.

Et pourtant, tous les matins, je suis encore là, prêt à batailler pour affronter ma journée. Si elle sera bonne ou non, je ne le sais jamais à l'avance. Mais du moment que je me lève, l'espoir est permis.

Ah, les filles...

Je n'ai pas vraiment d'amis, juste deux ou trois copains. Quand une relation commence bien, elle se finit mal, en général. Soit c'est la personne qui s'éloigne, soit c'est moi, un peu comme deux berges d'un fleuve dont le pont s'effondrerait, en mille morceaux. À toujours vouloir creuser profond dans les conversations, à toujours devoir y trouver mon intérêt propre, à toujours être installé dans mon monde, j'ai souvent le sentiment que mes relations sont superficielles. Et, de facto, elles ne me satisfont pas. Quant à mon interlocuteur, j'imagine que je finis par l'agacer. J'ai conscience que ma personnalité peut faire un peu peur, parfois !

Mes relations amicales sont le miroir de mes relations amoureuses : j'ai éprouvé ce même schéma avec les filles. Si j'en ai connu plusieurs, ce n'étaient pas tout à fait des amoureuses parce que je ne suis encore jamais tombé amoureux. Pourtant, je pense que j'aurais pu finir par l'être.

Pourquoi nos relations tournaient court ? Parce qu'à chaque fois que je leur parlais franchement, leur expliquais le mode d'emploi, leur disais que ce n'est pas facile tous les jours avec moi… Paf, elles ont presque toutes disparu !

À vivre échec sur échec, je me dis que je suis peut-être incapable d'aimer. Je me sens en tout cas assez mal parti sur le sujet. Mais sait-on jamais ? C'est pour cela que je continue à rencontrer des filles, je n'abandonne pas, quitte à faire souffrir, parfois. J'expérimente, ce qui peut donner l'impression que je joue avec leurs sentiments. Mais non, ce n'est pas le cas : je me débats simplement avec ce que je suis.

Peut-être ai-je fini par assimiler le regard des autres sur moi, ceux qui me voient comme quelqu'un qui se rapproche plus du « petit génie », de la bête de foire, de l'ordinateur, que de l'être humain. On me déshumanise, je le sens bien. Les gens se disent : « Il sait tellement de choses, ce n'est pas possible, ça n'existe pas, un type pareil ! » J'ai souvent l'impression d'avoir un disque dur à la place du cerveau, d'avancer dans la vie sans sentiments particuliers, sans capacité d'amour, d'affection, sans pitié, aussi. Aux questions que l'on me pose sur moi, je réponds laconiquement. Enfin, laconiquement, ce n'est pas l'adverbe qui me définirait le mieux puisque je parle tellement ! Je veux dire que je réponds sur le plan de la connaissance, de l'analyse, mais jamais ou rarement sur le plan de l'intériorité ou des émotions. Difficile dans ce cas de se lier avec les autres, n'est-ce pas ?

La première fille que j'ai connue, j'avais dix-neuf ans. C'était à l'époque des *Douze Coups de midi*. Elle s'appelait Sarah et elle était plus âgée que moi d'une petite dizaine d'années. Elle m'avait écrit : « Bravo pour ton parcours, tu as été super, j'ai bien aimé te suivre ! » On avait alors échangé sur les réseaux sociaux et, comme le courant passait bien, on a décidé de se rencontrer. Je suis allé la voir chez elle à Angers, en train. Elle était très jolie avec ses yeux en amande et ses longs cheveux bruns. On a commencé à discuter, et j'ai senti que nos échanges n'étaient plus si fluides. Elle pensait que, en une journée, j'allais tomber amoureux d'elle, qu'on allait se mettre ensemble tout de suite.

— Tu n'es quand même pas amoureuse de moi, si ? lui ai-je demandé.

— Eh bien si !

— Hein ? Mais non, pas en un jour, t'es malade ! me suis-je récrié.

Voilà le style de conversation romantique dont je suis capable… Je me suis pris une volée de bois vert. Je voulais simplement dire que tomber amoureux, ça ne se fait pas en un jour, pour moi. Ce n'est pas non plus une bizarrerie, si ? Je sais que le coup de foudre existe, mais c'est quand même du domaine de la rareté !

Malgré cette journée en demi-teinte, je ne suis reparti que le lendemain, puisque j'avais déjà réservé mon billet. Sur le quai, alors que j'allais monter dans le wagon, elle m'a dit que j'étais une mauvaise personne. Je suppose que ma franchise un peu brutale – je ne l'aimais pas, du moins pas encore – a été difficile pour elle à accepter. Mais comment est-ce possible de mentir sur un sujet pareil ? Je dis toujours la vérité. Je crois qu'en vingt-trois ans d'existence je n'ai jamais menti, pas une seule fois. Ma mère m'explique souvent que le plus important n'est pas de dire *toujours* la vérité, c'est de maintenir de l'affection, de l'amour, de la paix entre les êtres. Et, parfois, on peut faire de petits mensonges pour que la vie soit plus agréable. Mais la vérité exerce auprès d'une majorité d'entre nous un ascendant magnétique, viscéral. La vérité avant tout, peu importe ce qu'en pensent les autres !

Quand on me dit : « Tu sais, il y a un mode d'emploi pour la drague », je ne comprends pas. Quel mode d'emploi ? Parfois, je ne fais rien et je séduis les filles quand même, alors quoi ? D'accord, la séduction requiert des non-dits, des silences, et il y a des actes à proscrire. Même si j'ai intégré cette idée, ça ne m'empêche pas d'échouer régulièrement. Par exemple, je suis un expert pour faire sentir à une fille qu'elle est moins cultivée que moi. Désireux de partager mes connaissances avec elle, je peux parfois lui balancer sans réfléchir : « Ah oui, tu ne connais pas, c'est dommage ! » Mal vu de faire peser un sentiment d'infériorité sur l'autre, a fortiori sur une fille qu'on a envie de séduire…

Mon idylle avec Sarah ayant tourné court, la même histoire s'est répétée, exactement, quelque temps plus tard. Laure m'avait écrit après m'avoir vu à la télévision, elle aussi. Là encore, j'ai pris le train pour aller la rencontrer à Lyon. Elle s'est montrée plus chaleureuse sur le quai de la gare quand je suis reparti mais je ne l'ai jamais revue, elle non plus.

Ensuite, la folie Covid a débarqué, et je n'ai vu personne pendant un an. Puis il y a eu d'autres filles, rencontrées sur le plateau des *Douze Coups* – décidément, la télé m'aura bien aidé… L'une était mon adversaire, l'autre dans le public ! La première, une fois qu'on a pris un café ensemble, m'a repoussé en me disant qu'elle n'aurait pas de temps à m'accorder à cause de ses études d'ingénieur. Quant à la seconde, on avait commencé à se parler sur Instagram, c'est moi qui l'avais abordée car j'avais vu qu'elle s'était abonnée à mon compte, alors j'avais sauté le pas. Elle m'a plu, on s'est vus à plusieurs reprises, mais elle a fini par me dire un jour qu'elle était très occupée et ça s'est fini comme ça. Elle a dû remarquer que je n'étais pas le plus sentimental des hommes.

Après elle, j'ai continué à chercher. Il y a eu d'autres rendez-vous et j'ai même eu une « histoire » qui a duré un an. Le terme « histoire » est un bien grand mot… Disons plutôt que j'ai fréquenté une fille régulièrement, mais on ne se considérait pas comme un couple fait pour durer.

Quand je fais une rencontre, je crois que j'analyse trop la personne en face de moi et, dès que quelque chose ne me plaît pas, je m'éloigne. Le moindre « défaut » me fait fuir. Elle n'aime pas lire ni aller dans les musées ; elle n'est pas intéressée par les grandes discussions ; elle adore aller danser en boîte de nuit et faire du shopping ; elle passe sa vie à pianoter sur son téléphone… La plupart des filles ne comprennent pas pourquoi je déguerpis si vite et, quand je tente de leur expliquer avec mon honnêteté maladroite, je passe pour un goujat. Ce qui est vécu par un neurotypique comme un moment fun ou de détente passe souvent pour une atroce corvée du point de vue d'une personne avec autisme. Et inversement. D'où la difficulté de trouver une partenaire qui me convienne – et à qui je convienne.

Même si mes tentatives ne sont pour le moment que plus ou moins concluantes, je voudrais rencontrer quelqu'un avec qui je pourrais construire une famille. Mais qui pourrait supporter mon intransigeance, mes lubies, ma façon d'envisager le monde ? J'ai l'impression d'appartenir à une autre génération, un autre temps.

Dans *Ma 153ᵉ victoire*, je me faisais la réflexion que je serais bien avec une fille du passé, par exemple du XIXᵉ siècle. Il me semble que moins d'aspects auraient pu me faire fuir. Tant de prérequis du monde moderne m'agacent – la technologie censée nous rapprocher et qui nous sépare, l'omniprésence du portable, le langage, les habits… Au fond, je crois que j'aimerais juste une fille qui s'exprime bien, qui s'habille de manière classique, ne se passionne pas plus que ça pour les nouveaux objets connectés (smartphone compris).

Malheureusement pour moi, ce genre de filles ne courent pas les rues…

J'ai pourtant l'impression que je pourrais apporter des choses chouettes à quelqu'un. Une fois, juste une fois, j'aimerais tomber amoureux, pour voir ce que ça fait.

Pourquoi moi ?

Le 7 juillet 2019, j'étais en visite chez une copine à Bordeaux, on discutait dans son salon, quand j'ai vu passer une nouvelle sur mon téléphone, qui m'a tristement affecté.

— Oh ça alors ! Pas possible !

Ma copine, en face de moi, a sursauté. Ce qui me mettait dans cet état ? L'acteur Cameron Boyce, l'enfant star de l'écurie Disney, venait de mourir, à seulement vingt ans. Quel choc ! Évidemment, ceux qui ne connaissent pas le Luke Ross de la série *Jessie* ou le Carlos d'Enfer de *Descendants* ne peuvent pas comprendre. Même mon amie, à vrai dire, a eu un peu de mal à saisir ma réaction. Tétanisé sur le canapé, je me suis mis à pianoter comme un fou sur Google. Qu'est-ce qui avait bien pu se passer ? À chaque fois que j'entends une information sur un décès, j'en cherche la raison. Pourtant, à ce moment-là, ce n'était pas simplement ma curiosité et ma soif de comprendre qui m'animaient. C'était l'émotion car cette annonce m'avait fait l'effet d'un coup en plein ventre.

Mon téléphone a finalement répondu : crise d'épilepsie pendant son sommeil. Il était mort en dormant ! Cameron Boyce avait toute la vie devant lui, il avait encore tellement de choses à prouver, de rôles à jouer au cinéma, de musiques à créer ! Pour une raison que je ne m'explique pas vraiment, je me suis vu dans ce garçon. Peut-être parce que nous avions presque le même âge : il était né cinq jours avant moi, lui aussi Gémeaux. J'ai grandi en regardant ses séries sur Disney Channel avec ma sœur. Peut-être aussi et surtout parce que la symbolique de la mort est très présente en moi. Consciemment ou pas, à ce moment-là, je me suis dit que ce serait bientôt mon tour et, durant deux ans, je n'ai pas arrêté de penser à lui. J'y pensais un peu comme à un jumeau parti avant moi. C'est étrange, je sais. Sur ce canapé, je me souviens d'avoir soudain eu la sensation bizarre d'être le seul des deux à rester. Très souvent, je me demande encore *pourquoi* lui est mort et *pourquoi* moi, je suis là.

Étrange, oui, je sais.

Pourquoi ? Cette question hante l'homme depuis sa création, c'est l'interrogation philosophique par excellence. Celle de l'enfant, aussi. Et la mienne.

Pourquoi moi ? Pourquoi je suis Asperger ? Pourquoi pas mon frère ou ma sœur ? J'ai fouillé la terre jusqu'à la racine de l'arbre, j'ai cherché dans ma généalogie pour y trouver l'origine de ce qui me rend parfois la vie si dure, sachant que les causes de l'autisme restent inexpliquées, même si l'hérédité est souvent mise en avant. Nombre d'études convergent ainsi vers l'idée que les facteurs génétiques expliquent au minimum 50 % de l'autisme, en plus des facteurs dits environnementaux dont on ne cerne pas encore bien le rôle : exposition prénatale aux antidépresseurs administrés à la femme enceinte, aux pesticides, aux perturbateurs endocriniens…

Alors… mon père ? Je ne crois pas. Il est sociable, mon père, il a beaucoup d'amis, il aime rire, il a de l'humour et du second degré – même s'il ne rit pas toujours à certaines (de mes) blagues. Et il s'accoutume très bien des changements de programme.

Ma mère ? Non, vraiment, elle n'a strictement rien d'Asperger, maman ! Elle possède une rationalité que la société voit d'un bon œil. Moi, je suis trop terre à terre, alors je finis par être irrationnel et ça me fait atterrir sur la Lune !

Du côté de mes grands-parents, alors ? Mon grand-père paternel aurait eu des symptômes liés à l'autisme, c'est tout du moins ce que mon père a pensé, un jour, mais quel crédit y accorder ? Il est mort il y a vingt-six ans ! Ma grand-mère pourrait l'être, sans certitude. Bilan : on n'en sait rien et on n'en saura jamais rien. Je suis porteur d'autisme, je suis entouré de personnes qui ne le sont pas, c'est comme ça. Il faut que je m'y fasse.

De leur côté, mes parents se sont évidemment posé la même question du pourquoi. Le soir du diagnostic, ma mère a dit à mon père : « Moi, mon arrière-grand-mère paternelle, tout le monde disait qu'elle était folle, mais peut-être qu'elle était autiste et on ne l'a jamais su ? »

Mon père a, lui aussi, formulé des hypothèses. Vaines, elles aussi.

Ce que je pense, en fin de compte, c'est qu'il n'y a pas de hasard. C'était voulu. C'est que je devais réaliser des choses avec ce cerveau-là, ce trouble envahissant du développement associé à ces extraordinaires facultés intellectuelles. L'un ne va pas sans l'autre… C'est ainsi, chez de nombreux Asperger.

Sur le plan familial, ce handicap est une épreuve. Une terrible épreuve. Comment décrire l'ambiance à la maison ? Il y a des phases où c'est électrique, pesant. Et j'en suis régulièrement la cause. Enfin, 90 % du temps. Je l'ai d'autant plus été, jusqu'à mes seize ans, que, ne sachant pas ce que j'avais, mes parents se comportaient avec moi comme si j'étais un enfant neurotypique. Ils ne laissaient rien passer. Pour leur défense, il faut dire que je n'ai pas un profil classique parmi les Asperger, j'ai été dur à diagnostiquer. Je n'étais pas en situation d'échec scolaire, je n'avais pas de problèmes en classe hormis celui du comportement, ni de problème moteur. J'ai toujours pratiqué des sports – judo, tennis, foot. Les sports en commun, en revanche, j'ai vite arrêté. Je n'ai absolument aucun sens du jeu collectif. Au foot, si on me passait le ballon, soit je le gardais jalousement, soit je le regardais passer. J'entendais mes camarades crier : « Mais c'est pas vrai ! Paul, il est trop con ! »

Mes parents ont donc prétendu que tout allait bien, qu'il *fallait* que ça aille, même si tout partait de travers. Mais comment faire autrement ? Comment auraient-ils pu deviner que je devenais fou à rester enfermé trois heures dans une voiture ou assis au milieu d'une tablée bruyante qui rendait tout le monde heureux ? Mes parents souffraient, je souffrais, mon frère et ma sœur souffraient. On ne savait pas. Et aujourd'hui, même quand je ne suis plus le moteur de la querelle, c'est encore souvent à mon sujet que l'on se dispute.

« Il va falloir que tu t'investisses aussi parce que, moi, je ne peux pas le gérer toute seule… »

« Putain, il est chiant… »

« On lui donne les papiers et il ne le fait pas… »

Combien de fois j'ai fini par manger seul dans la cuisine, expulsé de table par ma mère, parce que je rendais l'atmosphère intenable ? « Paul, tu sors, ce n'est plus possible. »

J'épuise, j'éreinte tout le monde, je tends à l'extrême la corde de tout l'amour que l'on me donne, je casse les bonnes ambiances car l'image du bonheur des autres m'est parfois insoutenable.

Et, bien sûr, pour mon frère et ma sœur, c'est dur de voir l'attention familiale polarisée sur leur frère autiste. Chacun a le droit d'avoir ses failles, le même temps d'attention et d'écoute, et force est de constater que je les capte beaucoup. Je monopolise la parole, de manière parfois agressive, je prends beaucoup de place. Je suis l'aîné et, en plus, « dysfonctionnel »… Ce qui peut engendrer chez les autres un mouvement de repli, l'envie de se mettre aux abris. C'est la même chose dans toutes les familles où un enfant est en situation de handicap. Là-dessus, on rajoute la difficulté autistique (en clair l'incapacité) à donner de l'affection. Et on peut imaginer que, pour mon petit frère, ce soit très compliqué à vivre. Je ne suis pas protecteur, pas tendre… Je crois savoir qu'il en a pleuré. Ni mon frère ni ma sœur n'ont jamais formulé leurs difficultés, mais je peux les imaginer. Je suis trop dur avec eux. Et je n'ai jamais osé le leur dire non plus.

Comment ont-ils pris mon diagnostic, chacun ? En ont-ils été soulagés, comme moi ? Je le pense mais je ne le sais pas, au fond, nous n'en avons jamais parlé. Mon père, lui, se situe toujours dans une certaine ambivalence. Depuis sept ans, il oscille entre « Paul est handicapé » et « Paul est tout à fait normal ». À ma mère, quand elle craque, il dit :

— Il faut que tu comprennes que ton fils a un handicap.

Et d'autres fois, quand ça va mieux, il se rassure :

— Mais Paul est normal, il faut arrêter.

Plusieurs fois, je lui ai expliqué que ce n'était pas une déficience, mais plutôt une manière de fonctionner et des connexions neurologiques différentes. Une manière originale et personnelle de considérer le monde. Il fallait qu'il accepte, même si ça n'allait pas être facile.

Il faut dire que je ne les aide pas avec mes trajectoires en yoyo, tour à tour solaire, obscur, blanc, noir, flottant. Dans mes périodes de crise, parfois, il est trop douloureux pour eux de me faire face. Je le comprends, bien sûr, mais je souffre aussi de cette distance parce qu'elle me réduit, elle me renvoie à un moi que je déteste, comme si j'étais atteint d'une pathologie insurmontable, alors que mon syndrome comporte des aspects très positifs et se révèle aussi une force – une force de caractère, une force d'apprentissage, une force de mémoire.

Dans les moments les plus durs, c'est souvent ma mère qui me tient tête, essaie de me comprendre et de me parler. Lors du diagnostic, elle y avait vu comme moi une possibilité, une étincelle. Elle l'a immédiatement accepté. Malgré tout, il y a tant de fois où ça reste difficile. Mes sautes d'humeur sont brutales, et ce n'est pas évident pour elle d'accepter ce que je traverse… Je l'ai vue s'enfermer dans la chambre, entendue pleurer parce que j'avais été trop virulent avec elle. Ce qui est excessif pour elle ne l'est pas pour moi. Je n'ai jamais l'impression d'être trop méchant, de faire aussi mal. Mon autisme est une prison qui me rend sourd et aveugle, y compris parfois à ceux qui m'aiment le plus au monde.

Une prison, oui, l'image vous parlera sans doute. Parfois, on peut y être bien, on s'y sent même protégé du reste du monde. Parfois, on y est très mal et on n'a qu'une envie : s'en évader.

Combien de fois ai-je eu envie de disparaître ? Parce que j'en avais marre. Marre de dépendre de l'action des autres pour obtenir une satisfaction presque toujours déçue. Parce que j'avais le sentiment d'être trop vieux, à vingt-trois ans seulement. D'être parvenu en bout de course. Comment est-ce possible que les autres, qui vivent parfois près d'un siècle, parviennent à être heureux aussi longtemps ? Pour moi, une année qui passe en vaut dix, et je peine à concevoir que je vais atteindre un âge canonique. Il m'arrive aussi de penser à tous ces personnes qui sont décédées au même âge que le mien.

Cette pensée à la fois rassurante et angoissante me fait noter presque malgré moi les disparus. Aujourd'hui, j'ai survécu à Robert Wadlow – un jeune homme qui mesurait 2 m 72 et qui est mort à vingt-deux ans – et je marche dans les traces de l'acteur américain River Phoenix et du philosophe autrichien Otto Weininger.

Chez moi, l'envie d'en finir est liée au fait d'être enfermé en moi-même, dans ma propre prison mentale. Lorsque ma souffrance devient intolérable et que j'essaie de m'y soustraire, le démon revient. Il tape au carreau, il force ma porte. Ma tête dans les mains. Mes poings fermés à m'en faire éclater les veines. Sous mon crâne, un silence de mort.

Dans ces périodes de désarroi, j'écris encore plus que d'habitude. J'écris pour décharger ma tristesse, ma colère, mon angoisse.

« *Mon existence auprès des autres est remplie de souffrance mais aussi de joie, de coups d'éclat, de fraternité. À travers ce dualisme, j'essaie de me battre pour que les autres ne me dictent pas ma conduite et ma manière d'agir, de penser et de comprendre. Je ne veux pas qu'on aille à l'encontre de mes idéaux et de ma volonté. Chaque année qui passe est une victoire sur les ténèbres qui m'environnent. Le Démon qui sommeille en moi peut se réveiller brusquement et causer des dégâts épouvantables.*

À cause de cet état psychologique vacillant – sorte de psychose apparente sans en être –, je me pose cette question continuelle et sans réponse : suis-je quelqu'un de méchant, de mauvais, de profondément malade sans horizon de guérison ou bien un être, joyeux, gentil, bienveillant, à l'humour grinçant ? Je suis le Mal et le Bien incarnés, en quelque sorte.

Je n'ai pas choisi d'avoir le poids de ce cerveau en surchauffe permanente, dont la brûlure – la torture, même – est terrible. Cette douleur que je ressens m'amène à penser à ma mort, car je n'ai parfois plus le désir de subir mon autre moi déchaîné.

Je sais bien que personne ne pourra me délivrer de ce fardeau existentiel qu'est la morosité et la souffrance de l'âme. Que personne ne sera en mesure de calmer mes pulsions destructrices, cette envie terrible de faire mal.

Alors je me répète qu'il faut que je cherche mon bonheur par moi-même, que j'apprenne à être égoïste, parfois. Je ne veux plus que les autres soient un frein à ma joie, à mon appétit, à mon envie d'apprendre, de sublimer ou de chérir. Sinon, je retomberai sans cesse dans les affres de ma personnalité changeante. »

Malgré ces pensées noires et morbides, hormis une grève de la faim de quelques jours, je n'ai jamais eu de geste suicidaire. Pour moi comme pour d'autres, la pensée de la mort agit avant tout à la façon d'une soupape. C'est une pensée rassurante, comme une promesse que, à un moment ou à un autre, ma douleur disparaîtra.

De toute façon, après ma disparition, qu'est-ce qui se passera ? Si ça se trouve, JoeyStarr sera président, Donald Trump se fera moine… ! Et c'est reparti, encore des supputations, des questions… Dans ces moments-là, je finis toujours par imaginer des trucs à la con !

Je sais que tout cela n'est pas très joyeux, mais soyons honnêtes : qui n'a jamais pensé à sa propre fin et à celle des siens ?

De temps à autre, je me demande comment je réagirais si ma mère disparaissait. Et mon père ? Est-ce que je pleurerais, *comme tout le monde* ? Forcément, je serais très triste. Mais j'ai parfois le sentiment d'avoir un cœur de pierre qui ne fonctionne pas comme celui de tout le monde, justement. Quand les autres sont chagrinés ou déprimés et que j'essaie d'aller vers eux, je n'ai pas cette empathie naturelle, spontanée, qui vous fait dire : « Je sais, c'est triste, courage… » Je dis plutôt : « Arrête de pleurer, bats-toi ! »

Je me montre assez virulent, parce que j'ai conscience de toutes les difficultés de la vie, de tout ce que j'ai dû faire pour arriver là où je suis, alors je voudrais, à tous, et surtout à ceux qui se sentent faibles, malmenés, insuffler la même rage, la même énergie que moi. C'est aussi une façon de s'intéresser à eux.

De leur point de vue, malheureusement, mes façons de faire ne sont pas des plus agréables… Je ne sais pas adopter la manière douce, compatissante. Quand je vois des personnes pleurer, il peut m'arriver de ne pas savoir comment réagir ou d'avoir une réaction décalée.

C'est ce qui s'est passé ce jour d'octobre 2015. Je suis dans ma chambre, en Martinique, quand je reçois un appel de ma cousine au Maroc. Elle m'annonce que ma grand-mère, la mère de mon père, qui est atteinte de la maladie d'Alzheimer, vient de mourir, là-bas. Je raccroche. Je rejoins mon père dans la cuisine. Lorsque je le lui annonce, il s'effondre sur le carrelage. Je ne l'ai jamais vu dans un état pareil. Un grand rire, violent, me secoue tout le corps, je ne sais pas pourquoi. Je n'ai rien à faire là, je ne peux pas le consoler. Je fonce m'enfermer dans ma chambre. Ma difficulté, là encore, à capter les codes sociaux…

On dit souvent que les autistes ne ressentent pas d'émotions et n'ont pas d'empathie pour les autres. C'est une fausse croyance. Je crois plutôt que nous ressentons trop d'émotions. Nous avons du mal à en reconnaître la nature, à en comprendre le contexte et nous ne savons pas comment les exprimer pour les rendre compréhensibles aux neurotypiques, ce qui peut ainsi faire penser à des réactions inappropriées, incongrues… Je ressens très fort, pour ma part, la souffrance des autres personnes, des animaux ; simplement, je n'ai pas le moyen d'y répondre de manière « attendue ». Récemment, à la télévision, j'entendais une jeune fille Asperger raconter que, dans son lycée, une fille était tombée devant elle, dans l'escalier. La pauvre s'était fait mal et, elle, elle a souri.

Comme elle, je me trompe souvent d'émotion. Quand on est triste, on pleure ; quand on est gai, on rit… Moi, je partage la tristesse ou la souffrance des gens en rigolant.

C'est quoi, la norme ?

Qu'est-ce que c'est, la norme ? Ça n'existe pas. On nous rebat à longueur de temps les oreilles de ce concept aussi vague que totalitaire, qui ne veut rien dire à part qu'il représente ce que pense (et la façon dont agit) la majorité des gens sur cette planète – le fameux *tout le monde*. Soit une manière d'être, de faire, tacitement établie par la société, qui est centrée sur elle-même et se montre aveugle aux potentialités et aux différences de chacun, lesquelles constituent pourtant la richesse inhérente à l'espèce humaine.

Quel est l'intérêt de faire toujours *comme tout le monde*, d'avoir un clone en face de soi, à part créer de l'ordre – un ordre social légitime, bien sûr ? Jusqu'à quel point veut-on une société peuplée des mêmes individus, qui pensent de la même façon, agissent de la même façon, se projettent de la même façon ?

Pourquoi celui qui est « différent » doit-il toujours être déconsidéré ? Qui pense que le handicap est accepté et valorisé, dans nos sociétés ? Toutes ces questions, me semble-t-il, sont liées, et le sentiment permanent que j'ai d'être incompris et que le monde m'échappe me paraît dépasser mon simple cas personnel. C'est aussi pour ceux qui se sentent comme moi, pour réfléchir sur ce qui nous fonde à la fois individuellement et collectivement, pour interroger notre regard sur la norme, que j'ai voulu écrire ce livre.

La télévision et la radio ont bien voulu mettre en lumière celui qui jusqu'ici était considéré comme le pathologique, le malade, le différent. Quelle formidable avancée ! Je ne suis pas le premier, loin de là, à bénéficier d'un intérêt médiatique, et c'est heureux. Avant moi, de magnifiques esprits en ont joui et ont fait progresser la pensée en faveur de la différence : Josef Schovanec, Daniel Tammet, Elon Musk, Susan Boyle ou Temple Grandin, pour ne citer qu'eux. Beaucoup ont souffert d'incompréhension, se sont sentis jugés par la norme, avant d'affirmer haut et fort leur personnalité. J'en suis très admiratif.

Finit-on un jour par s'habituer à être déconsidéré ? Jamais. Combien de fois me suis-je senti mal face aux autres – notamment face aux instituteurs et aux professeurs, autant de personnes qui sont censées vous élever et non vous rabaisser ? Je ne leur en veux pas, surtout à une époque où on ne savait pas encore bien ce qu'était l'autisme – si tant est qu'on le sache vraiment aujourd'hui, en France. Mon comportement déroutait, le corps enseignant se sentait démuni. Par conséquent, soit on me laissait tranquille, soit j'étais puni pour mes pitreries. Comme j'étais assez effacé, me faire remarquer, faire rire mes camarades était le seul moyen que j'avais trouvé pour attirer l'attention sur moi. Pour me faire aimer. « Paul, tu sors ! » était l'invariable réponse.

Dès le primaire, je pense avoir été l'élève le plus souvent mis à la porte pour avoir fait se gondoler la classe. Pour tout humoriste en devenir, c'est sûrement une consécration. Or la classe n'est pas le Marrakech du rire, on est là pour apprendre, pas pour faire le clown. Les professeurs ne savaient parfois tellement plus quoi faire qu'ils me privaient de sport et de récré. Quand j'étais privé de sport, je restais dans la cour ; quand j'étais privé de récré, je restais dans la classe. J'étais malheureux dans ces moments-là, d'autant que je me souviens encore de la baffe cuisante qu'une institutrice m'a collée devant tout le monde alors que je ne comprenais pas un exercice. Ma détestation de l'injustice a peut-être commencé là… L'histoire a évidemment perduré au collège. Mme Durand, ma professeure d'histoire-géographie, perdait entre autres souvent patience, elle aussi, j'ai donc passé beaucoup de temps dans le couloir.

Ces événements vous restent chevillés à l'esprit pour toujours. Quand vous êtes le seul à faire le piquet à la porte, à la longue, vous vous demandez quand même ce qui ne tourne pas rond chez vous. Qu'est-ce qui se passe ? Qu'est-ce qui ne va pas ? Vous cherchez un appui, une main à laquelle vous raccrocher pour vous ramener à la rive, un regard encourageant. À certains moments, pourtant, vous ne trouvez qu'un miroir déformant qui vous fait penser que, décidément, vous n'êtes pas *comme tout le monde*. Que vous êtes malade. Que vous êtes fou.

Car j'ai différents types de folie, je ne peux pas le nier. Je suis le fou joyeux, le fou drôle, le fou à la mémoire infaillible, le fou maléfique. La liste des épithètes est longue pour définir mes folies. Pourtant, je ne suis pas fou ! Le fou est celui qui n'habite plus le monde commun, qui est dans le délire, hors de la réalité. Ce n'est pas mon cas.

Je ne suis pas malade non plus puisque l'autisme n'est pas une maladie. Alors est-ce un handicap ? La société dans laquelle nous vivons considère que tout ce qui n'est pas normal est handicapant. De ce fait, oui, être porteur d'autisme se révèle handicapant... Et, par extension, cela devient un handicap. C'est encore la meilleure définition, aujourd'hui, pour essayer de faire comprendre l'autisme, c'est-à-dire ce que nous vivons.

La norme que tout le monde érige en référence n'a rien d'évident pour moi ni pour la plupart des autistes Asperger (pour ne pas dire tous). Incarnée par le plus grand nombre, elle nous fait croire et accepter à tous des choses qui ne sont pas normales. Et, pourtant, c'est cette même norme qui nous déconsidère.

Aujourd'hui, dans ma tranche d'âge, il est par exemple communément admis que devenir influenceur ou YouTubeur est le Graal absolu – puisque avoir de l'influence et être visible sur les réseaux sociaux constitue un nouveau métier. Il est communément admis par la société que le simple fait de poser en caleçon de marque ou en soutien-gorge dans un cadre idyllique pour montrer à la planète entière que l'on a une vie paradisiaque et récolter, pour cette raison, des millions de « vues » et de « likes » est ce à quoi on doit aspirer. La technologie permet de se faire connaître et d'engranger en passant des sommes astronomiques. C'est un fait, devenu une valeur commune. Mais est-on obligé d'y souscrire pour exister ? Remettre en question le courant de pensée dominant est souvent malvenu. Les réseaux sociaux ont été pervertis par le tout et n'importe quoi, mais on y trouve pourtant aussi des choses passionnantes. On découvre des chaînes YouTube d'un grand intérêt qui parlent de culture, de voyages, qui expriment une pensée, donnent la possibilité de se mettre en lien avec d'autres et brisent des tabous hors des canaux traditionnels des médias qui ne le permettent pas toujours, loin de là.

Moi, c'est vrai, je ne suis pas un grand *follower*. Quand je vais sur les réseaux sociaux, c'est pour rédiger un post sur Henry David Thoreau, un de mes philosophes préférés, à l'occasion des cent soixante ans de sa mort. Beaucoup de ses idées ont influencé l'écologie et, si j'avais pu vivre comme lui, dans une cabane en pleine forêt américaine, je l'aurais fait. Son œuvre majeure *Walden ou la Vie dans les bois* y a été écrite. Il y relate une existence simple loin de toute civilisation, y dévoile comment, au contact de la nature, l'homme peut se renouveler, prendre conscience de la nécessité de fonder toute action et toute éthique sur le rythme des éléments. Sa dimension critique à l'encontre du monde occidental en fait un pamphlet, une recherche de sens dans un univers de plus en plus marqué par l'industrialisation et la transformation de l'espace. Étudiant à Harvard, il avait fait la rencontre du cercle transcendantaliste et en était devenu l'un des piliers. Aujourd'hui, lorsqu'on parle d'écologie aux États-Unis ou de philosophie de la nature, son nom est tout de suite évoqué. Quand on pense que, dès 1840, il disait que l'homme doit apprendre à vivre avec le strict nécessaire et ne pas se laisser corrompre par la consommation et le superflu… Il ne croyait pas à une réforme uniquement matérielle de la condition humaine. Moi non plus !

Depuis que je suis enfant, je suis extrêmement sensible au thème de la nature. Quand je suis en forêt ou dans un parc, je fais des câlins aux arbres – on appelle ça la sylvothérapie (et shinrin-yoku au Japon). Je tends mes bras et j'enserre leur tronc. Sous mes doigts, je ressens leur vie, leur force intérieure et je me sens en communion avec eux, avec la terre, le ciel. Quand j'ai trop chaud, c'est aussi une manière d'aspirer leur fraîcheur. C'est d'ailleurs pour cette raison que les koalas se collent aux arbres, surtout lors des périodes de grande chaleur – et Dieu sait qu'il y en aura beaucoup, à l'avenir, avec le réchauffement de la planète en cours. Les arbres sont pour moi le symbole de la nature. Ils sont les poumons verts de notre planète.

Et on coupe la forêt amazonienne, on la brûle, on assassine ceux qui la défendent… En échange d'une pomme donnée par un pommier, l'homme est capable d'abattre une hache sur son tronc.

Il paraît qu'on peut visiter la cabane de Thoreau. J'aimerais beaucoup y aller, un jour. Dans mon téléphone, j'ai d'ailleurs enregistré plusieurs photos de cabanes que j'ai piochées à droite et à gauche. Des abris isolés en pleine nature qui m'inspirent la solitude, le voyage, le retour aux sources, à la terre, aux arbres. De temps en temps, je les regarde, ces photos, elles me font du bien.

J'entre régulièrement dans des phases existentielles où je suis tiraillé entre le monde dans lequel je vis et celui dans lequel j'aimerais me retirer. Car, au fond de moi, j'ai toujours eu ce désir un peu fou d'aller vivre dans une maison perdue dans les bois. Enfin, je reste pragmatique : il faudrait quelques commerces – dont une librairie !

Fort Boyard

Une drôle de machine tourne autour de moi. Elle m'enrubanne les pieds, les genoux, bientôt les hanches, la taille… Mon cou est engoncé dans une minerve, mes mains sont nouées sur ma poitrine à la façon de Ramsès II. Je ne suis pas à l'aise d'être transformé en momie et de finir ficelé comme un saucisson dans cette salle plongée dans la pénombre, pendant que mes copains rigolent derrière la porte.

— Alors, Paul, voici l'énigme :

Vaste étendue de terre
Paradis du solitaire
C'est une plage dépourvue d'eau
Toujours bossu est son vaisseau
Qui est-il ?

La voix éraillée du père Fouras exulte. Va-t-il réussir à coincer le champion aux cent cinquante-deux victoires ?

— Euh… le dromadaire, le chameau… ?

— Non, non, non.

La machine infernale continue de tourner, les bandages commencent à enserrer mes épaules. J'ai compris pourquoi le jeu s'appelle « la momie ». Je n'ai pas envie de finir asphyxié. Dans ma tête, ça fuse.

— Le désert ?

— Paul ! Vous êtes étonnant, brillant !

Qui aurait pensé que je participerais un jour à *Fort Boyard* ? Personne ! La notoriété m'a offert de nombreux avantages dont celui-là. J'y ai été invité en mars 2021. Dans mon équipe, il y avait Jérémy Frérot, Dave, Carinne Teyssandier, Elsa Fayer et Vincent de *Koh-Lanta*. J'étais fou de joie, je me voyais déjà faire le saut de l'ange depuis la passerelle… Sauf que les organisateurs m'ont cantonné aux épreuves intellectuelles et psychologiques. Je n'ai eu droit à aucune épreuve physique. J'aurais adoré, pourtant, plonger dans la fosse aux serpents. Mais pas question ! Au début, on vous demande ce que vous aimeriez ne pas faire et, moi, j'avais répondu que j'aimerais TOUT faire parce que je n'ai peur de rien, enfin de pas grand-chose (à part Alzheimer). Or ils voulaient des gens qui aient peur. Du spectacle ! Exit la maison de poupées, la cabine abandonnée, le saut de l'ange… J'ai eu droit à la momie, au slaïme, et à un duel contre Blanche et le père Fouras.

C'est moi qui ai voulu tenter *Fort Boyard*. J'aime beaucoup cette émission, je la suis depuis longtemps et, évidemment, j'étais excité à l'idée de visiter un ancien monument, symbole d'histoire. Je me suis d'ailleurs beaucoup renseigné sur ce fort qui abritait des prisonniers politiques de la Commune et, pendant le jeu, je me suis perdu dedans, volontairement, ouvrant des portes, montant des escaliers ici et là, m'imaginant ce qui devait se trouver tout en haut, à l'époque…

« Paul, on t'attend ! »

« Paul, referme cette porte, on est en train de tourner ! »

Oups…

Chaque fois que je vais dans un lieu historique, je me sens vibrer et je perds de vue ce que je fais là. J'imagine, je me transporte dans le temps, je visualise, je quitte le présent. Au musée, je peux rester une heure ou plus face à un tableau et penser qu'il est réel, que la scène se déroule sous mes yeux et que je suis, moi, Paul, au milieu de celle-ci. Devant les *Scènes de massacres de Scio* peints par Delacroix, l'un des épisodes les plus célèbres de la guerre d'indépendance grecque en avril 1822, je m'imprègne de la fureur, je m'imagine les Ottomans en train d'assassiner les Grecs et ça me fait mal, comme si j'y étais, d'autant que la Grèce fait partie de mes trois pays préférés – avec l'Irlande et l'Islande. Berceau des Jeux olympiques, de la philosophie, l'une des premières grandes civilisations après l'Égypte, elle a longtemps été assujettie à l'Empire ottoman qu'on appelait aussi la Sublime Porte, du nom de la porte d'honneur monumentale du grand vizir à Constantinople, le siège du gouvernement du sultan… La souffrance des Grecs due à la présence d'un colonisateur, le désespoir de ne pas avoir eu d'identité propre pendant des siècles concourent à mon amour de ce pays. Il n'a été libre qu'en 1975, ayant auparavant connu des rois fantoches successifs, issus de différentes familles danoises, allemandes, suédoises, puis la dictature. Un pays longtemps dépossédé de lui-même. Comme moi.

Et comme l'Irlande. Son histoire violente, son souhait permanent de vouloir se défaire de la tutelle britannique, la beauté sauvage de ses paysages me parlent tout autant… Cette résistance acharnée de pays qui luttent pour eux-mêmes (la Grèce et l'Irlande ne sont pas les seuls, bien évidemment) m'inspire de l'admiration, voire de l'affection.

Et puis il y a l'Islande, dont l'histoire, riche, est méconnue. Cette île volcanique au large du Danemark est restée sous la tutelle de ce pays jusqu'en 1944 et n'a pour autant jamais voulu se doter d'une armée. Elle est restée pacifiste jusqu'au bout, malgré le fait que les États-Unis aient voulu l'aider à se battre contre les Danois pour gagner son indépendance. C'est aussi une terre de silence, désertique, aux paysages à couper le souffle. Savoir qu'il y a plus de moutons que d'êtres humains m'a toujours fait rire ! Je m'y suis rendu avec ma mère en octobre 2019. Aux *Douze Coups de midi*, j'ai gagné plusieurs séjours à l'étranger, dont celui-là. Nous avons visité les geysers, plongé dans les bains… Quel choc ! Les volcans, les plages de sable noir, les champs de lave. C'est le pays où commence la plongée au centre de la terre de Jules Verne… J'ai eu l'impression lunaire de toucher le bout du monde, l'essence du voyage, moi qui n'avais jamais vraiment bourlingué que dans ma tête. Parmi les autres séjours que j'ai remportés, j'ai offert celui au Japon à mes parents, celui à Venise à mes grands-parents, et celui à Amsterdam à ma mère et ma sœur. J'aimerais bien voyager seul, un de ces jours, mais ce n'est pas évident de partir sans personne. J'ai encore quelques caps à passer…

On me demande aussi souvent ce que j'ai fait des sept cent mille euros de gains et de cadeaux (voitures, électroménager, jeux vidéo, ordinateurs, écrans plats, peluches…). J'en ai donné ou vendu certains, d'autres sont toujours là, tel l'énorme ours de deux mètres soixante que j'ai assis dans un fauteuil dans ma chambre. Avec ses grosses pattes qui traînent, il ne me laisse pas beaucoup d'espace pour circuler, mais je l'aime bien. J'ai gardé toutes mes peluches depuis que je suis petit, même celles que j'ai eues à la naissance, alors pourquoi pas lui ? Elles sont installées sur le canapé de ma chambre. J'ai un lapin qui s'appelle Tigex, un chien avec un uniforme (le commandant Wouaf), j'ai une maman ourse avec son petit… Impossible de les renvoyer à la cave ou dans un carton, non, je veux les garder à côté de moi, j'aime les toucher, leur faire des câlins, quand ça me prend. Ce gros nounours, que j'ai gagné à un moment très particulier de ma vie, il m'est arrivé de le câliner et même de le serrer très fort, pour ne pas tout casser autour de moi, pour que la rage sorte. Quant à l'argent que j'ai gagné, il est sur des comptes bancaires. Je sais que mes parents ont été soulagés de me savoir ainsi « doté » car s'ils disparaissent, ils savent que je suis un peu protégé. Moi, ça ne me fait rien de particulier, même si savoir que je ne serai pas à la rue est réconfortant. Ce sont plutôt les autres qui m'en parlent. J'ai reçu des messages de gens sur les réseaux sociaux m'expliquant qu'ils étaient dans une situation financière compliquée et que si je pouvais les aider… Et Stéphane Plaza, mon nouveau copain des *Grosses Têtes*, m'a dit gentiment : « Il va falloir investir, Paul ! »

Il va falloir, oui.

Rire et musiques

On me parle souvent de mon sourire. C'est vrai que je suis un garçon très souriant, en société. J'aime beaucoup rigoler, amuser la galerie, aligner les blagues. Dès que je peux en sortir une, je ne m'en prive pas. En réalité, c'est tout autant pour me faire oublier à moi-même que je suis mal à l'aise – voire malheureux, selon les moments – que pour faire rire les autres. Et, finalement, mon sourire et mes blagues entourloupent tout le monde. Car pour les gens qui me voient, je vais bien, forcément, puisque je souris ! Il est là le poison, le piège d'une existence à vouloir être drôle, pour tenter d'exister auprès des neurotypiques.

Le rire crée du lien. En s'esclaffant, on libère de l'endorphine, on est de bonne humeur, on est agréable avec les autres. C'est en provoquant l'hilarité des gens que je m'attire leur sympathie, leur amitié. Pourtant, derrière le masque de mon rire, je sais bien que, la plupart du temps, on ne sera pas amis. Dans l'ensemble, comme j'ai une hypersensibilité et un degré d'analyse très élevé, je saisis beaucoup de choses de la personne en face de moi, et même bien plus que ce que vous pouvez penser.

Généralement, les gens réagissent en disant que je suis « un peu fou », dans le sens du fou jovial qui exagère pour essayer de soutirer quelques grimaces. En fait, je joue le fou (et en même temps, je ne le joue pas, malheureusement). Après tout, si les gens ont envie de me considérer comme le fou du roi, libre à eux ! Je n'ai pourtant rien d'un bouffon ! Je ne suis pas comme Triboulet, qui était celui de Louis XII et de François Ier. Guillaume Meurice parle de lui dans *Le roi n'avait pas ri* et livre une anecdote marquante. Triboulet s'était montré un peu trop insistant auprès de la reine et lui avait manqué de respect. François Ier l'avait tellement mal pris qu'il l'avait condamné à mort. Mais, dans un élan de bonté (toute relative), il lui avait demandé comment il préférait mourir. La réponse avait fusé : « Je préférerais mourir de vieillesse, Sire ! »

Et le bouffon avait ainsi sauvé sa peau grâce au rire.

Cette saynète me rappelle aussi ce journaliste politique, Alphonse Martainville qui, très critique envers la Convention nationale – il avait publié nombre d'articles railleurs à son sujet –, finit par comparaître devant le Tribunal révolutionnaire. Selon certaines sources, le président lui aurait dit :

— Alphonse-Louis Dieudonné de Martainville ?

Ce à quoi l'accusé aurait répondu :

— Pardon, citoyen président, Martainville tout court. Je suis ici pour être raccourci et non pour être allongé !

La saillie aurait fait rire le président qui lui a laissé la vie sauve. Une arme salvatrice ou destructrice, le rire.

Je suis pour ma part très sensible à l'humour. J'écoute beaucoup d'humoristes, Ahmed Sylla, Paul Mirabel, Jérémy Ferrari, Guillaume Bats, Élie Semoun, Alban Ivanov, Olivier de Benoist, Haroun… C'est probablement une manière d'oublier ma condition d'autiste incapable de me comporter comme les autres, c'est-à-dire selon certaines règles tacites comme : quand quelqu'un meurt ou se fait mal, on ne rigole pas, Paul ! C'est peut-être aussi un moyen de m'entraîner à être comme les neurotypiques en travaillant le second degré, qu'il m'est si difficile de percevoir. Tous les Asperger sont très « premier degré ». J'ai de l'humour et parviens globalement à comprendre celui des autres ! Mais pour nous, il est compliqué de décrypter les sous-entendus, les phrases en creux, les *private jokes*, l'ironie, le langage non verbal. Alors, comme un enfant, j'imite, j'apprends la repartie, les vannes, la fluidité dans les échanges et, à travers ces humoristes, j'essaie de me rapprocher de gens qui sont unis par le rire, en toutes circonstances.

Pour combattre ma morosité – ou l'oublier –, la musique classique est une autre de mes consolations. Mes airs préférés ? Oh ! il y en a tellement… La sonate *Au clair de lune* de Beethoven, les *Nocturnes* et les *Ballades* de Chopin, les *Gymnopédies* d'Erik Satie, *Clair de lune* de Debussy, *Aquarium* de Camille

Saint-Saëns… Dans un genre un peu plus farouche, violent : la *Cavalerie légère* de Franz von Suppe, l'*Entrée des gladiateurs* de Julius Fučík, *Gayaneh* d'Aram Khatchatourian, *Carmina Burana* de Carl Orff – la musique de l'enfer… Quand je l'écoute, celle-ci, j'ai les yeux qui s'allument, le diable est à côté de moi, il écoute et me dit : « Ça, c'est ma chanson, c'est notre chanson… »

Je pourrais encore citer *La Chevauchée des Walkyries* de Wagner, *Ainsi parlait Zarathoustra* de Richard Strauss, *Le Beau Danube bleu* de Johann Strauss fils, la *Marche de Radetzky* de Johann Strauss père, *Le Sacre du printemps* d'Igor Stravinsky, accompagnant une chorégraphie de Nijinski, dont le style innovant fut si mal reçu lors de sa première représentation en 1913 au théâtre des Champs-Élysées. Une autre qui me fait frissonner quand je l'écoute : *Une nuit sur le mont Chauve* de Moussorgski. Une musique forte, puissante, d'une violence sourde, comme une montagne qui gronde et qui me rappelle un roman de Kawabata… J'aime aussi beaucoup le *Canon* de Pachelbel, *Le Messie* et *La Sarabande* de Haendel, qui est la musique du film de Stanley Kubrick, *Barry Lyndon*. Il y a encore *Les Suites françaises* et la *Toccata et fugue en* ré *mineur* de Bach… Et puis l'un de mes compositeurs préférés, Tchaïkovsky : *Le Lac des cygnes*, la *Valse sentimentale*, *Casse-Noisette*, *La Belle au bois dormant*… Tout me plaît, chez lui. Il y a aussi le très discret Charles Valentin Alkan, un compositeur français totalement méconnu qui a réalisé, à mes yeux, les compositions les plus dures au piano, notamment la *Chanson de la folle au bord de la mer.* Cet instrumentiste n'est quasiment pas joué, de nos jours. Il est mort à soixante-quinze ans : alors qu'il se penchait, sa bibliothèque lui est tombée dessus – et c'est ainsi qu'il a sombré dans l'oubli. Et, enfin, à l'instar de Beethoven, de Chopin ou de Satie, il y a Glinka et son *Alouette.* Si vous ne la connaissez pas, écoutez-la, par pitié ! Quand j'entends cette musique, tout mon corps et mon esprit se transforment, ma colère s'estompe, mon démon disparaît. Je sais qu'ils finiront par refaire surface mais, au moins, j'aurai volé quelques minutes de poésie et de beauté musicale à l'état pur. Pour moi, ces notes de Glinka pourraient être le symbole de l'amour. À chaque fois que je les entends, je me dis qu'il faudrait que je sois plus ouvert aux autres, plus tolérant avec mon prochain, que je donne plus à ceux qui m'entourent, à mes proches, que je leur signifie que je les aime, notamment ma mère et mon père qui sont à mes côtés, depuis toutes ces années. Je le sais, mais je ne le leur dis pas.

Je ne suis pas seulement un fan de musique classique : je peux aussi me tourner vers le jazz, l'électro, la pop, le rock alternatif, le rock tout court. J'écoute par exemple des groupes de heavy metal comme Sabaton. J'aime beaucoup leur chanson *Bismarck.* Un groupe de metal qui s'intéresse à des sujets historiques ! Qu'est-ce qu'il me faut de plus ? Les musiciens évoquent Alvin York dans *82nd All the Way*, l'un des soldats américains les plus décorés de la Première Guerre mondiale, la bataille de Shiroyama dans un morceau éponyme, qui sonne la fin des samouraïs, symboles du Japon féodal, le 24 septembre 1877. Dès les premières notes de *Great War*, j'ai envie de tout casser dans ma chambre.

Évidemment, du fait de mon hypersensibilité au bruit, je n'écoute jamais ces morceaux à plein volume. Une musique trop forte me déchire les tympans. Je m'assois sur mon canapé avec un casque et je regarde le sol. Je médite, je réfléchis, je pense. Quand les gens me disent : « Mais Paul, calme-toi, repose-toi, vide-toi la tête ! », ils ne comprennent pas que ça m'est impossible. Physiologiquement, psychologiquement impossible. Alors, je ne réponds pas. Ou bien je ris.

Le tsunami de la notoriété

Depuis que je suis passé aux *Douze Coups de midi*, beaucoup d'autistes m'ont écrit. Certains me racontent leur histoire, me confient que, grâce à moi, ils arrivent à mieux se considérer, à s'accepter. Quel plaisir, quelle émotion intense de lire de tels mots ! D'autres, plutôt des neurotypiques (enfin c'est ce que j'en déduis car personne ne commence sa lettre en me disant : « Bonjour, je suis un neurotypique… »), me confessent avoir appris ce qu'était l'autisme Asperger par mon biais ou avoir obtenu un diagnostic – c'est vrai que je passe ma vie à en parler, à essayer de le faire comprendre. En clair, la notoriété a eu du bon !

On peut même dire que cette émission a représenté un véritable tsunami. Elle a changé ma vie, m'a fait entrer en contact avec des gens intéressants que je n'aurais jamais pu rencontrer sans elle. Évidemment, pénétrer ce microcosme très fermé du vedettariat a été… étonnant à observer, c'est le moins que l'on puisse dire ! Il est souvent amusant de voir le fol intérêt, l'emballement des caméras, des photographes, la pression suscités par certaines célébrités qui pourraient être considérées comme tout un chacun… Un spectacle dans le spectacle. J'ai été, moi aussi, à un moment très photographié et interviewé, et j'ai trouvé ça excessif. J'ai pu avoir l'impression d'être une vedette alors que je n'en suis absolument pas une ! La célébrité m'a permis de m'exprimer, de parler de culture, de rigoler, d'espérer d'autres opportunités artistiques, c'est pour moi une sorte de défouloir, mais en aucun cas une raison d'exister.

Je sais que ma participation aux *Douze Coups* et maintenant aux *Grosses Têtes* a épaté mes proches et j'en suis très fier. Pour eux aussi, il y a eu un avant et un après. Avant, ils me considéraient comme un gamin bizarre dont ils ne savaient pas trop quoi faire. Dès que je commençais à parler d'histoire de France, ou d'autres « intérêts spécifiques », je soûlais tout le monde ! Même ma grand-mère, ancienne institutrice, qui avait une oreille plutôt attentive !

Après le jeu, on m'a regardé très différemment, comme si on comprenait enfin que j'avais des capacités intellectuelles un peu à part. Il y a eu bien d'autres formidables gagnants aux *Douze Coups* avant moi, mais là où j'ai surpris tout le monde, je le sais, c'est que je suis le premier à avoir corrigé les erreurs parfois commises dans les questions !

— Ce n'est pas le portrait d'Henri II, là, c'est le portrait d'Henri III, vous avez inversé…

Quand je repense à tout ce chemin que j'ai parcouru pour arriver jusqu'ici, à écrire ce livre, j'ai la tête qui tourne. La période d'avant le jeu était tout simplement atroce. Je sortais d'une dépression, j'étais au fond du trou, et toute ma famille l'était. Mes parents étaient confrontés à une sorte de dilemme vital : ou ils me laissaient sur le bord du chemin pour que tout le monde puisse continuer à respirer ; ou ils arrêtaient de vivre, en oubliant toute forme d'aspiration personnelle, et ne se consacraient plus qu'à moi. Dans les deux cas, ça aurait été l'enfer intégral.

En 2019, nous en étions à ce point. À l'agonie, mes parents me disaient :

— Paul, tu as un frère, une sœur, il faut qu'ils avancent, eux aussi, qu'ils construisent leur vie. Tu ne peux pas flinguer tout le monde avec toi. La prochaine fois que tu es en crise, on te met à la clinique.

Je l'avais d'ailleurs demandé. Plus que jamais, je me sentais tel un funambule qui allait précipiter ses proches dans le vide.

Puis j'ai eu l'idée, au sortir de l'impasse, de participer à ce jeu télévisé. Je l'avais regardé, quelquefois, il m'avait plu. J'en ai donc parlé à mes parents, et mon père m'a lâché :

— Prends le numéro de téléphone qui s'affiche à l'écran, appelle et on verra bien.

Il a dit ça comme ça, sans réfléchir.

Quelque temps plus tard, il y avait des sélections à Chambéry. J'y suis allé mais j'ai échoué. Un mois, deux mois se sont passés, puis j'ai appris que d'autres sélections se déroulaient à Grenoble.

Un vendredi soir, alors que ma mère rentrait de Paris où elle avait travaillé toute la semaine, je l'ai alpaguée :

— Maman, demain, il y a des sélections à Grenoble, je me suis inscrit. Tu ne veux pas venir avec moi ?

L'idée de se lever le lendemain matin à 7 heures n'enchantait pas ma mère, qui était sur les rotules... Elle a finalement accepté, comme elle l'aurait fait si ma sœur lui avait dit : « Tu m'accompagnes à ma compétition d'athlétisme ? »

Le samedi matin, on est arrivés à l'Hôtel Mercure de Grenoble sous des trombes d'eau. Et, cette fois-ci, bingo, j'ai été sélectionné ! L'aventure a ensuite commencé à Paris. Le plateau télé de la Plaine Saint-Denis, tous ces gens qui grenouillaient, applaudissaient, le bruit, les projecteurs... En arrivant, le visage de maman s'est décomposé. Sûr qu'on allait rentrer le soir même et qu'elle allait me ramasser à la petite cuillère !

Je suis resté presque six mois. Six mois à enchaîner les enregistrements, tous les jours, de 13 h 30 jusqu'à 21 heures. Ma mère venait après son travail et quand elle a vu combien j'étais chouchouté dans l'émission, elle a fini par m'y laisser, seul. Ils avaient tous pensé, moi le premier, que je ne tiendrais jamais...

Plus tard, elle m'a avoué m'avoir découvert, grâce à ce jeu. Il l'a éclairée sur mon mode de fonctionnement. Durant toute mon enfance et mon adolescence, jusqu'au bac, je l'angoissais parce que je ne faisais jamais mes devoirs, je ne prenais quasiment pas de notes en cours, je n'apprenais pas.

« Paul, tu as contrôle de maths… »

« Paul, tu as contrôle d'histoire, il faut que tu révises ! »

Je ne brillais pas, plafonnant à 10 ou 11 de moyenne, mais je ne baissais pas non plus. À mon sujet, la cause était entendue : « Il ne fout rien ou pas assez ! » Avec le jeu, mes parents ont compris que, en réalité, il me suffisait d'entendre le professeur énoncer quelque chose pour le mémoriser. Dans ces conditions, pas besoin de réviser. Ma mère n'en avait pas pris conscience avant le jeu.

L'émission a ainsi prouvé à ma famille que je suis capable de me dépasser et d'aller au-delà de mon handicap. Et chez Laurent Ruquier, j'ai encore gagné un niveau. En sortant des *Douze Coups de midi*, je ne savais que trop peu manier l'humour et le second degré. Aux *Grosses Têtes*, au début, j'ai pas mal cherché mes marques et puis j'ai appris.

Pour mes parents, c'est un soulagement. S'ils sont moins enclins à considérer que faire le ménage dans ma chambre est au-dessus de mes capacités, ils sont surtout rassurés. Car, demain, s'ils n'étaient plus là, ils ont la conviction que je serais capable de m'en sortir seul. Parce que j'apprends, et c'est déjà pas mal.

Work in progress

Tous les jours, je progresse. Tous les jours, je redouble d'efforts pour m'adapter au monde tout en essayant de rester « droit dans mes bottes » comme dirait l'autre, fidèle à ce que je suis. Équilibre ténu, qui ne tient souvent qu'à un fil.

Ma mère continue de décrypter tout ce que je ne comprends pas et de me seriner quelques modes d'emploi comme :

— Paul, si une fille vient te voir à Grenoble, il faut que tu l'accueilles correctement. Ne dors pas jusqu'à midi ! Va prendre le petit déjeuner avec elle et, le soir, ça serait sympa que tu l'invites à dîner. Et c'est toi qui paies, pas elle !

Je ne désespère pas de rencontrer quelqu'un, un jour, d'entrer dans le champ commun des émotions, de faire *comme tout le monde*…

Être heureux ? Je ne me fixe pas cet horizon. Ce mot est trop élevé pour moi. Il ressemble au nirvana, à une plénitude. D'ailleurs, je n'emploie pas ce terme, « heureux ». Je dis plutôt que je suis content. Je suis content quand je lis parce que, en lisant, j'apprends. Je suis content quand j'acquiers un livre, quand je l'ai chez moi, quand je peux l'observer, le lire tout mon soûl. Je suis content quand je rédige mes listes... Le bonheur, à mes yeux, c'est la capacité de se satisfaire de ce que l'on a et, chaque jour qui passe, de continuer à apprécier ce que l'on a obtenu, plutôt que de toujours chercher à avoir ce que l'on n'a pas. Pour l'insatisfait chronique que je suis, la mission semble hautement difficile ! Mon perfectionnisme, mon intransigeance, mon obsession du détail me gâcheront toujours la vie. Parfois, mes proches se disent : « Tiens, on va emmener Paul à Disneyland, il va être heureux comme tout ! »

Paul, lui, il va voir la foule dans le parc, un enfant jeter un gâteau pas fini à la poubelle, des gens se bousculer dans la file d'attente... Bref *tout* ce qui l'énerve !

Pour vous expliquer un peu mieux, une métaphore très simple. Au milieu d'un océan de bonheur, s'il y a la moindre tache de mazout, même minuscule, c'est sur elle que je vais me concentrer. Car je voudrais que l'entièreté de l'océan soit belle. Or le monde tel qu'il est n'est jamais parfaitement beau. Il y a sans cesse un goût d'inachevé, de pernicieux.

Mais à mon rythme, cahin-caha, je chemine vers le mieux, en n'oubliant évidemment pas que mon « bonheur » dépend en partie d'un médicament que je prends tous les jours et que je continuerai à l'évidence d'avaler toute ma vie. Ce qui signifie que je serai toujours obligé d'être maintenu à flot par un produit chimique, que j'en *dépends*. Sans ce médicament, je rechuterais dans mes travers, je serais de nouveau enrôlé dans le cercle vicieux créé par mon sentiment d'incompréhension, par ma propre violence et celle du monde. Je pense que je succomberais plus vite encore à la terrible intolérance dont je peux faire preuve et qui creuse bien sûr ma sensation de solitude et me rapproche de ma tombe.

Chaque jour, à des degrés plus ou moins grands, le fossé reste là, entre la compréhension que les gens ont de moi et celle que j'en ai. J'aimerais tant pouvoir être plus laxiste, accepter de manière plus douce les erreurs d'autrui et les miennes, ne pas être obligé de toujours expliquer, sans arrêt, mes actions et mes pensées. Cela n'est malheureusement possible que lorsque je suis dans d'excellentes dispositions.

— Pourquoi tu n'arrives pas à te mettre au même niveau que les autres, Paul, à saisir leur attitude, leurs paroles, leurs actes ?

— Mais parce que je n'ai pas non plus envie d'être comme les autres !

Ambivalence, quand tu nous tiens… C'est vrai que je ne veux pas non plus être de ceux qui sont incapables d'être eux-mêmes, de penser par eux-mêmes, d'agir en leur âme et conscience. Je ne veux pas faire partie d'un troupeau de moutons.

Pour l'heure, je suis stabilisé. Je ne me tape plus la tête contre les murs depuis longtemps. Bien sûr, mon état peut encore fluctuer au gré du moindre accroc, d'un imprévu, mais j'essaie de sortir plus que je ne le faisais. Je ne peux pas passer ma vie à fuir toutes sortes d'activités ! Je me dis : « Je vais le faire, même si c'est très dur pour moi, comme ça je ne pourrais pas me dire que j'aurais dû essayer. » C'est potentiellement pour fuir d'autres désagréments que je fais des choses qui me sont désagréables à certains moments. En résumé, je prends sur moi tout le temps, pour lancer une initiative, organiser un rendez-vous, décrocher mon téléphone, décider, choisir… Et, bientôt, un nouveau cap m'attend. Partir vivre à Paris, seul. Aujourd'hui, j'habite toujours à Grenoble avec mes parents, ma sœur et mon frère. Au sortir de périodes houleuses, il est arrivé à ma mère, à bout de tout, de me dire :

— Paul, tu as vingt-deux ans, tu peux faire ta vie, maintenant, c'est l'aspiration de tout un chacun. On part et, ensuite, on est content de revenir !

Je lui rétorquais :

— Non, je ne veux pas partir. Je ne supporte pas d'être seul. J'ai le besoin irrépressible d'« embêter » quelqu'un !

Ainsi, pendant longtemps, chaque fois que j'allais à Paris, plutôt que de loger dans le studio dont nous sommes propriétaires dans la banlieue de Paris, je préférais le Campanile de la Villette parce que j'y connaissais Babette et tout le personnel qui me chouchoutait. Je m'y sentais comme chez moi, à la maison ! À présent, je sais que je dois dépasser mes appréhensions pour vivre seul. Si cela peut vous rassurer, je sais faire des pâtes, du riz, du poisson… Il ne me reste plus qu'à sauter le pas (ou presque).

En moi, c'est étrange, coexistent deux sentiments : un manque terrible de confiance en moi et, en même temps, une grande confiance. Dans un seul cerveau, il y a tout et son contraire, c'est aussi pour ça qu'on a tant de mal à me cerner et que j'ai moi-même du mal à savoir qui je suis, à donner une définition exacte de moi-même. Je me sens comme un oxymore ambulant qui serait toujours prêt à basculer d'un côté ou de l'autre, un invertébré à qui on demanderait de marcher.

J'aimerais tant que les gens de mon entourage, à commencer par mes proches, soient conscients des efforts démesurés que j'accomplis tous les jours pour être « normal », et qu'on me le dise, pour m'encourager. Comme un sportif qui s'entraînerait pour une médaille. C'est ma rengaine auprès de mes parents.

— Vous me dites toujours quand ça ne va pas et jamais assez quand je fais les choses bien !

— C'est vrai que quand les trains de la SNCF arrivent à l'heure, on ne dit rien ! Toi, quand tu te comportes comme on l'attend, on ne dit rien parce que c'est… normal. Et quand c'est l'inverse, on râle ! me répond parfois ma mère pour rigoler.

Moralité, il est très désagréable d'être traité comme un train qui n'arrive jamais à l'heure !

Épilogue

Voilà, je vous ai, humblement, ouvert ma tête, un peu de mon monde intérieur. J'espère vous avoir donné un aperçu de ce qu'est le syndrome d'Asperger. De manière plus large, il me semble avant tout être un syndrome de la différence dans un monde très normé. Nous sommes des humains aussi « normaux » que vous, les neurotypiques. D'ailleurs, je n'aime pas le mot « normal », car trop de définitions peuvent y être accolées. Nous ne sommes pas malades, pas « atteints » d'autisme, mais porteurs d'une différence, révélée par le biais de connexions neurologiques particulières qui nous permettent d'être très performants dans de nombreux domaines (parfois même bien plus que la moyenne) et moins dans d'autres. Et être « moins » sur des terrains que le plus grand nombre juge accessibles ne veut pas dire être « moins » tout court, bien au contraire.

L'autisme peut être vu comme un monde clos, une prison qui fait souffrir ceux qui vivent à l'intérieur. Il peut également être perçu comme un jardin secret que voudrait battre en brèche le monde actuel qui lui préfère, de loin, la performance, le paraître et tant de signes extérieurs de « bien-être ».

Je voudrais tant qu'au terme de ce livre on ne considère plus ce syndrome comme une tare. La pire tare au monde pour moi, c'est l'ignorance. Quand on ne sait pas, on critique, on juge, et on blesse les autres. Je peux certes paraître inflexible, mais le monde actuel ne l'est-il pas bien plus à notre égard ? Comment est considéré aujourd'hui celui qui n'entre pas dans son jeu de la consommation, de la publicité, de la promotion personnelle ? Comme un être à part, un invisible. Un handicapé. Dans tous les sens du terme.

À vingt-trois ans, au prix d'efforts incommensurables et d'une volonté acharnée, j'ai quand même accompli du chemin et j'en suis fier. Plus j'avance, plus j'espère parvenir à gérer ma « différence », à être de moins en moins fatigué, à sortir de ma carapace. En un mot, j'espère que tous les efforts que je fais depuis des années pour ne pas être déconsidéré seront récompensés.

J'aimerais tellement changer le monde. Si j'avais une baguette magique, je le ferais dans la seconde ! Je voudrais que les gens soient égaux, qu'il y ait plus de justice… J'ai une façon utopique de voir les choses, je le sais. Je suis un peu fouriériste ! Ce serait bien qu'un Asperger soit élu président, un jour. Mais je sais que ce n'est pas possible. Alors, chaque moment qui passe, j'essaie d'apprendre à m'accepter. Oscar Wilde disait : « Sois toi-même, tous les autres sont pris. »

J'ai déjà tellement souffert pour parvenir à être celui que je suis que, pour rien au monde, je crois, je ne changerais de personnalité, de physique, d'état d'esprit. Sans mon autisme, je serais une tout autre personne et je n'aurais sans doute pas ce discours-là ; je n'aurais pas le même degré d'intégrité, la même honnêteté, le même amour de la culture, de la lecture, la même incompréhension du monde qui nous entoure. Alors je vais tenter de rester fidèle à ce que je suis.

J'ai construit un pont
Qui venait de nulle part et enjambait le néant
Pensant qu'il y aurait quelque chose de l'autre côté.
J'ai construit un pont
Qui sortait du brouillard et traversait la nuit
En espérant qu'il ferait jour de l'autre côté.
J'ai construit un pont
Avec mon désespoir et contre l'oubli
Et j'ai pensé qu'il y aurait de l'espoir de l'autre côté.
J'ai construit un pont
Qui sortait de l'enfer et franchissait le chaos
Et j'ai cru qu'il aurait de la force de l'autre côté.
J'ai construit un pont
Qui sortait de l'abîme et perçait la terreur
Et c'était un pont fidèle, un pont solide
Un pont magnifique.
C'est un pont que j'ai construit moi-même
Avec mes mains pour seul outil
Mon obstination pour seul appui
Ma foi pour seule travée
Mon sang pour seul rivet.
J'ai construit un pont et je l'ai franchi
Mais il n'y avait personne de l'autre côté[1].

1. Tony Attwood, *Le syndrome d'Asperger et l'autisme de haut niveau - Approche comportementaliste,* © Dunod, 2022, Malakoff.

Composé et édité par HarperCollins France.

Imprimé en août 2023
par CPI Black Print (Barcelone)
en utilisant 100% d'électricité renouvelable.
Dépôt légal : septembre 2023.

MIXTE
Papier issu de
sources responsables
FSC® C159065
FSC
www.fsc.org

Pour limiter l'empreinte environnementale de ses livres, HarperCollins France s'engage à n'utiliser que du papier fabriqué à partir de bois provenant de forêts gérées durablement et de manière responsable.

Imprimé en Espagne.